街头小巷经济学

Streets and Lanes
Economics

王傅雷 朱述亮 著

哈尔滨出版社
HARBIN PUBLISHING HOUSE

图书在版编目（CIP）数据

街头小巷经济学／王傅雷，朱述亮著.—哈尔滨：哈尔滨出版社，2009.10

ISBN 978-7-80753-720-5

Ⅰ.街…　Ⅱ.①王…②朱…　Ⅲ.经济学—通俗读物

Ⅳ.F0-49

中国版本图书馆 CIP 数据核字（2009）第 068201 号

责任编辑：吕　爽　李英文
封面设计：奇文云海

街头小巷经济学

王傅雷　朱述亮　著

哈尔滨出版社出版发行
哈尔滨市香坊区泰山路 82-9 号
邮政编码：150090　营销电话：0451-87900345
E-mail：hrbcbs@yeah.net
网址：www.hrbcbs.com
全国新华书店经销
三河市南阳印刷有限公司

开本 787×1092 毫米　1/16　印张 15.5　字数 220 千字
2009 年 10 月第 1 版　2009 年 10 月第 1 次印刷
ISBN 978-7-80753-720-5
定价：28.00 元

前 言 >>>

经济学是一门研究人类行为及如何将有限或者稀缺资源进行合理配置的社会科学。长期以来，经济学一直笼罩着一层神秘的面纱，给人的感觉总是枯燥的数字、烦琐的公式，被禁锢在学术的高墙内。

可不论你承认与否，在街头小巷中，经济学早已无处不在。谁不想在职场、商场中把握先机，战无不胜？谁不想像经济学家一样思考？谁不想在纷繁复杂的经济变化中游刃有余？于是，在街头小巷中，捧着经济学书籍苦读的人随处可见。可如果只是把大量的时间用在掌握经济学公式和图形上面，或者只是学习经济学而谈不上真正理解，不把它应用于日常生活中，经济学就只是冷冰冰的数字和枯燥无味的公式。

像是一个苹果，用经济学的解剖刀切开，里头竟然是橘子。这种解剖刀凭借的是经济学里俯拾即是的工具，不同的只是改从最有趣而关键的点切入。街头小巷间，只要用心观察，有趣的点比比皆是。例如为什么"男大当婚，女大当嫁"？"财"貌双全的她们为什么选择单身？现代人的离婚率为什么越来越高？

如果你已经能够回答以上的问题，相信你已经没有购买本书的必要。

如果你已经读过一大堆经济学的书还不能确信答案是否正确，请你尝试着阅读本书。本书选择大量适合中国人阅读思维、适合中国国情、距离我们生活最近的经济学故事，通过饶有趣味的提问形式，内容涵盖街头小巷中寻常百姓最为关心的经济学知识，从而帮助读者培养"像经济学家一样思考"的思维方式。通过有趣的问题剖解事物被隐藏的一面，详细剖析日常生活中不为人知的经济行为是本书的基本切入点。

冰冻三尺，非一日之寒。要培养"像经济学家一样思考"的思维方式，须靠平时不断反复的练习。我们一旦能够用经济学的眼光看待生活，不仅能广开财源，还会在家庭、爱情、校园、职场、消费、生活等诸多方面收获丰厚的回报。

目 录 >>>

第 3 章 **职场中
的经济奥秘**

第 4 章 **消费中
的经济奥秘**

第 5 章 **生活中
的经济奥秘**

第 **6** 章　理财中的经济奥秘

第 **7** 章　经营中的经济奥秘

第 **8** 章　**历史中
的经济奥秘**

第 **9** 章　**热点中
的经济学**

第 1 章

家庭中的经济奥秘

为什么"男大当婚，女大当嫁"？
为什么鲜花插在牛粪上？
女博士为何难出嫁？
"财"貌双全的她们为什么选择单身？
为什么"门当户对"的婚姻最牢固？
18 岁的姑娘为何嫁给 80 岁的老翁？
现代人的离婚率为什么越来越高？
为什么"自古红颜多薄命"？
情侣意见不一致时谁会占上风？

为什么
"男大当婚，女大当嫁"？

在经济学家看来，婚姻是理性人的一种经济行为。人们之所以结婚，是因为婚姻的预期收益大于成本。

"结婚仿佛金漆的鸟笼，笼子外面的鸟想住进去，笼内的鸟想飞出来；所以结而离，离而结，没有了局。"

"结婚又像被围困的城堡，城外的人想冲进去，城里的人想逃出来。"这是中国现代著名作家、文学研究家钱钟书先生的经典著作——《围城》中对结婚的精彩点评。

无独有偶，网络上的一段流行的对话与钱先生的点评颇有些异曲同工之妙。

结婚前：

男：太好了！我期盼的日子终于来临了！我都等不及了！

女：我可以反悔吗？

男：不，你甚至想都别想！

女：你爱我吗？

男：当然！

女：你会背叛我吗？

男：不会，你怎么会有这种想法？

女：你可以吻我一下吗？

男：当然，绝不可能只有一下！

女：你有可能打我吗？

男：永远不可能！

女：我能相信你吗？

结婚后：从下往上看。

点评归点评，笑话归笑话。俗话说："男大当婚，女大当嫁。"结婚是人类最古老，也是最原始的举动（林语堂语），更是人类延续生命的最重要手段。对于婚姻，不同的群体各抒己见。

文学家认为爱情是两颗心碰撞出的火花，婚姻成了爱情的坟墓；哲学家认为婚姻是必然性与偶然性的统一，人要结婚是必然的，与谁结婚是偶然的，偶然性体现了必然性；生物学家把婚姻看做是人类繁衍的需要；社会学家认为婚姻是出于社会协作的必要，家庭是社会的细胞。

但在经济学家看来，婚姻是理性人的一种经济行为。人们之所以结婚，是因为婚姻的预期收益大于成本。

经济学家将收益理解为实际物质财富的绝对增加；会计学家认为产出价值超过投入价值的差额才是收益。而成本是商品经济的价值范畴，是商品价值的组成部分。严格说来，人们要进行生产经营活动或达到一定的目的，就必须耗费一定的资源（人力、物力和财力），其所耗费资源的货币表现及其对象化称之为成本。

关于结婚的成本和收益，网络上还流传着一个经典的故事。

一位经济学博士过了多年的单身生活，感到厌倦，于是想要结婚。但他又怕婚姻不如想象中的完美，于是，按照经济学关于成本与收益的原则，他列了份清单。

先算收益：

第一，两个人贷款供房。

第二，两个人赚钱养家。

第三，遇事有人商量。

第四，下班回家有人做晚餐。

第五，病了有人陪着去医院。

再算成本：

第一，不能随意带女人回家。

第二，不能乱送别人贵重礼物。

第三，不能自己作决定。

第四，下班后不能回家太晚或不回家。

第五，如果妻子病了自己也要陪她去医院。

结果经济学博士发现：收益和成本看似相等，可最终还是收益远远大于成本。于是他选择了结婚。

故事中其实忽略了很多成本。例如从寻找目标到谈恋爱再到结婚，都是成本的耗费过程。最直接的成本是博士在寻找目标过程中所耗费的时间、金钱。博士要想与对方约会，不仅要牺牲一些时间，还要花费金钱请对方吃饭、喝茶、看电影、听音乐会；为了给对方留下一个好印象，博士还要刻意修饰一番，送对方玫瑰花、衣服、首饰等等，这些都是直接成本。

博士为了追求对方，必然还要放弃做一些事情。一旦选择一个目标，就意味着放弃对另一个目标的追逐。而一旦作出错误的选择而最终出现分手的情况，以上的成本都打了水漂。经济学中有一个概念，叫做"沉没成本"。打了水漂的成本其实就是"沉没成本"。

从经济学的角度分析，选择结婚的目的在于希望从婚姻中获取最大效用。结婚给人带来的收益是十分明显的，大体上可以归纳为五个方面：

第一是满足人类归属和爱的需要。按照马斯洛的需求层次论：当一个人满足了生理和安全需求的时候，他（她）最需要的就是归属与爱。

第二是通过男女互补，促进资源的充分利用，实现规模经济，获取规模经济效益。具有不同专业化优势的、在能力与收入方面存在差别的男女，通过婚姻的形式可以使双方的收益达到最大，是一个互补双赢的方案。

第三是互相提供信用，协调人力资本投资的收益。比如一个人支持另一方做生意，最后实现总效用的增加。

第四是起到防灾保险的作用。比如一方生病了，需要有人照顾，并且在因生病而失业的状态下有人支付医药费用。

第五是可以分享家庭商品增值。婚姻作为耐用消费品，具有逐渐积累增值的特点，在规模效应的推动下，婚姻的某些独特效用会逐步显现出来，比如情感的寄托、家庭的福利、知识和智慧的交融、孩子带来的乐趣等等。

有了那么多的好处，大多数人当然应该选择结婚。

约翰·福布斯·纳什（1928-）

美国经济学家、数学家。主要研究博弈论和微分几何学。1950年，纳什获得美国普林斯顿高等研究院的博士学位，他在那篇仅仅27页的博士论文中提出了一个重要概念，也就是后来被称为"纳什均衡"的博弈理论。1994年，他和其他两位博弈论学家约翰·海萨尼和莱因哈德·泽尔腾共同获得了诺贝尔经济学奖。

为什么
鲜花插在牛粪上？

在二手车市场，买车的人不了解车的真实状况，所以对于每一辆车只愿意出平均价，而有些车主的车比较好，明显高于平均水平，往往不愿意在这个市场交易，所以就慢慢退出了市场。如此循环，二手车市场上的车就会越来越差，最后买家只能买到更差的车。

张丽（化名）肤若凝脂，眉如远山，目如秋水，笑靥如花，可谓是某重点大学公认的校花。她大一时收到的玫瑰花、情书足以车载斗量，追求她的人足以从宿舍的一楼排到十楼。同宿舍的姐妹们不禁感慨：都是女人，为什么偏偏人家就长得貌若天仙呢？

大二时，宿舍其他姐妹们纷纷和男友花前月下，卿卿我我，开始了幸福的校园生活。而张丽仍在候选人中来回穿梭，到了大三仍然没有固定的男友。

又是一年春草绿，又是一年柳絮飞。春意盎然，百花争艳，处处是亮丽的风景。然而，衣袂飘飘、艳若天人的张丽与一位男士在公共场合开始出双入对，实在是大杀风景。因为那位男士长得实在是惨不忍睹。借用流行语说："每个人生来都是在天空中遨游的天使，只不过那位男士在落地时脸先着了地。"

张丽和丑男的结合并非是特殊现象，环顾四周，美女的身边大都是长相平平甚至丑陋的男士。鲜花为什么插在牛粪上？从经济学的角度分析，这是信息不对称的结果。

美国经济学家阿克洛夫发现：在二手车市场，买车的人不了解车的真实状况，所以对于每一辆车只愿意出平均价，而有些车主的车比较好，明显高于平均水平，往往不愿意在这个市场交易，所以就慢慢退出了市场。如此循环，二手车市场上的车就会越来越差，最后买家只能买到更差的车。阿克洛夫研究的是信息不对称情况下的次品市场，并因此获得了2001年的诺贝尔经济学奖。

美女就好比二手车市场挑剔的买主，而追求她的男士们就好比车况较好的二手车。买主不了解车的性能和车况，需要在一长排的候选车中细致地挑选。在买主选择的过程中，好车逐渐地退出了市场，而最终买主只能选择车况较差的二手车。

对于爱情上的信息不对称现象，我们可以作几个假定。

假定1：女生一般会和比自己条件优越一些的男生相配。

假定2：每个人最后都一定会与一个异性结合。

假定3：优先于假定1。

建立模型：

把男性和女性按条件由好到次分为A、B、C、D四档。

根据假定1，第一轮市场交换后形成的资源配置状况为：A女找不到自己能接受的男性；B女与A男搭配；C女与B男搭配；D女与C男搭配；D男找不到能接受自己的女性。

根据假定2，交换完全结束时，市场上不可能有闲置的男性和女性。此时只有A女和D男，因此第二轮交换结果为：A女配D男。

补充说明：

1. 假定1的现实基础是两性的性别特征。一般来说求偶过程中男性是主动的一方，在资源不能平滑流动的条件下，男性的主动将形成局部的需求大于供给，女性处于卖方市场的有利地位，拥有更大的讨价还价的能力。

2. 理性的A女在作选择时，相对D男，当然会更愿意接受从A到C男中的任何一个。但是我们认为，由于信息不对称，A女需要相当的时间，才能发现A男是最好的选择。而在这段时间内，A男到C男都已经分别与其他女性相配。因此来晚一步的A女，只能配D男了。

一枝雨后的新荷、一束娇羞欲滴的玫瑰花往往不珍惜一个个精致的花瓶，当花瓣开始在风中飘落时只好选择插在了牛粪上。插在牛粪上的鲜花会不时怀念起一个个精致的花瓶。只怪自己的刺深深地刺痛了那些花瓶。

如何才能找到称心如意的伴侣呢？一则古老、经典的故事或许能给我们些许启示。

一天，古希腊哲学家苏格拉底的三个弟子一齐向苏格拉底请教："请问先生，如何才能找到称心如意的伴侣？"

苏格拉底没有直接回答，而是把弟子们带到一块金黄的麦田。苏格拉底让他们在麦地中每人选一个最大的麦穗，条件是要从麦地的一边走到另一边，只能往前走不能往回走。

大弟子刚走几步便摘了自认为是最大的麦穗(其实并不是最大的麦穗)；二弟子一开始就左顾右盼，总是想也许后面有更大的麦穗，一直到终点时才发现，前面的几个大麦穗都已经错过了；三弟子与二位师兄不同，先在三分之一路程时注意验证，在最后三分之一路程时摘下了经过反复比较的最大麦穗。

由此可见，大弟子的盲目轻率和二弟子的犹豫不决，都不能摘到最大的麦穗；只有像三弟子那样留心观察、反复对比，并找出问题的核心所在，才能摘到最大的麦穗。

拉格纳·弗里希（1895-1973）

挪威经济学家。数理经济学和经济计量学研究领域的先驱者，经济计量学的奠基人。1969年与荷兰的简·丁伯根共同获得首次颁发的诺贝尔经济学奖。主要著作有：《边际效用的新测定法》、《动态经济学中扩散问题的冲击问题》、《运用完全回归系统计合流分析》、《生产理论》、《定量、动态政治经济学》、《景气循环原理》。

女博士为何难出嫁？

商店橱窗里展示的精品服装或首饰，往往少有人问津。这不是因为它们质量不好，而是因为它们的质量太好。质量越好，因而也就价格越高。如果不打折，能够买得起的人寥寥无几。

魏文帝的皇后甄洛不仅肤若凝脂，貌若天仙，而且兰心蕙质，冰雪聪明。她小时候喜欢读书、写字，因此常遭到哥哥的取笑："女孩子应当学飞针走线，好绣双燕子，绣对蝴蝶，你整天读书，难道想做女博士不成？"

女博士自此成为才女的美称。后世的文人对女博士赞不绝口的诗句屡见不鲜。如北宋诗人黄庭坚《豫章集·赠李辅圣》诗："相看绝叹女博士，笔砚管弦成古丘。"

而今，有着"才女"美称的女博士常常被赋予了贬义色彩，成为人们茶余饭后调侃的话题。校园中有一句流行语：世界上有三种人：男人、女人和女博士。女博士已被排除于男人、女人之外。更有网络流行语把学历和金庸武侠小说中的人物对应起来，认为："大专生是赵敏，本科生是黄蓉，硕士生是李莫愁，博士生是灭绝师太，博士后是东方不败。"

　　现实生活中，女博士的婚姻状况的确有些不尽人意。据某报报道：前些日子，一位女博士的母亲来到报社，为她条件优越的博士女儿小云（化名）征婚。这位母亲带来的资料向记者展示一位优秀女孩的成长过程：高知家庭，从小就是家里的乖孩子，一路保送，从一所名牌大学读到另一所名牌大学，目前是一个热门专业博士二年级的学生。从照片看，她清秀俏丽，且身材高挑，可谓是才貌双全。然而27岁的小云从未谈过恋爱，这让做母亲的焦急万分。小云的母亲20多年来一直为女儿深感骄傲，可随着时间的推移，"高处不胜寒"的博士女儿的感情问题成了母亲的心病。

　　据不完全统计，在某市就读的女博士中，未婚的有100名，其中没有男友的近60名。

　　为什么会出现女博士嫁人难的情况？从经济学的角度分析，女博士是稀缺资源。女博士就好比商店橱窗里展示的精品服装或首饰，往往少有人问津。这不是因为它们质量不好，而是因为它们的质量太好。质量越好，因而也就价格越高。如果不打折，能够买得起的人寥寥无几。

　　而目前，在高等教育中出现了另一种男女比例失调的现象，从而导致高学历的男性供给不足。上世纪90年代中期，特别是独生子女这一代，进入高等学校的女生比例开始高于男生。文科素来是女生人数占优，而今数学系、物理系，也出现了女生与男生持平的现象。同时，由于用人单位在招聘时普遍存在性别歧视现象，以至于出现了女硕士小于或等于男本科；女博士小于或等于男硕士的现象。这无形中导致女性博士群体的增大。

　　我们中国择偶文化的核心是"男强女弱"的观念，以及与此密切相联系的是"男主外，女主内"的观念。这种不平等的文化观念规定了传统的择偶标准和角色期待。男人和女人选择自己的异性伴侣时，男人通常会选择各方面条件都略低于自己的女人，因为这可以减少许多压力；而女人则刚好相反，在选择伴侣时会选各方面条件都略高于自己的男人。总体上而言，男人的择偶标准是向下，女人的择偶标准是向上。女博士们希望自己配偶的学历是博士或至少是硕士，从而人为地提高了自己的择偶门槛，即在原来的身高、财富、地位等标准上增加了学历门槛，从而画地为牢，形成了婚姻市场上的进入壁垒，使得择偶范围变得更为狭窄。

除了上述因素外，在激烈的考试竞争中，女博士能从众多天之骄子中脱颖而出，自然把精力放在了学习上，而不是浪费在谈情说爱上。在这种情况下，只接触周围同学，因而接触面相对较小，在大学本科，甚至硕士研究生阶段，不少女生可能都没有考虑到结婚的问题，而一旦成了女博士，这时候可选择的范围会更加狭窄。

另外男人想结婚，更多关注的是女性是否会成为合格的太太。女博士虽然博览群书，可调查表明女博士群体却未必是好太太。一些接触过女博士的男性表示，她们有些呆板，缺乏情趣，并且缺乏照顾别人的能力。

婚姻的成立需要很多条件。作为女博士要意识到自身拥有优越的条件，但是也存在一些不足。在闲暇时间要学习学习插花、厨艺、瑜伽，多参加一些集体活动，扩大交际范围。而一旦成为老姑娘仍名花无主，也不要匆忙建立家庭，否则只会遗憾终生。

简·丁伯根（1903-1994）

荷兰经济学家。经济计量学模式建造者之父。1969年与拉格纳·弗里希共同获得诺贝尔经济学奖。主要著作有：《美国商业循环，1919-1932》，《英国商业循环，1870-1914》，《经济政策的集中和分散》，《经济政策：原理和设计》等。

"财"貌双全的
她们为什么选择单身？

选择一份感情的过程，同样也是利益权衡的过程。爱情和婚姻寻求的是实实在在的收益，必然经由理性的选择，并符合经济学效用最大化的理性分析。单身是一种经济理性的选择。

据一项调查显示，在香港至少有 70 万未婚、离婚或者丧偶的单身女性，她们当中不乏身价过亿的富婆、富姐，叱咤官场的精英，貌美如花的娱乐明星。形形色色的单身女人们组成了华丽的单身女贵族。

无独有偶，在中国的大城市，单身女贵族已成为一个群体。在北京甚至出现了"北大荒"一词。

"北大荒"的含义是"北京、大龄女青年、处于没有老公和固定男友还'荒'着的状态"。她们往往是从二十七八岁到三十七八岁的女性。她们在学校受过高等教育，从事着时尚的工作，如电视剧制片人、公关顾问、演员、服装设计师等。她们坚强而独立，风情万种，情趣盎然，收入颇丰。她们并不是嫁不出去，而是不愿把自己嫁出去。

她们为什么选择单身呢？

从经济学的角度分析，选择一份感情的过程，同样也是利益权衡的过程。爱情和婚姻寻求的是实实在在的收益，必然经由理性的选择，并符合经济学效用最大化的理性分析。单身是一种经济理性的选择。单身经济也逐渐成为经济学的热点之一。

"单身经济"一词本为舶来品。经济学家麦卡锡2001年在世界经济类权威杂志《经济学人》上提出了"单身女子经济"这一概念，意为单身女性引发的经济现象。如今，"单身经济"不仅被市场扩大了概念，其性别差异也在逐渐缩小。

对单身女子群体来说，泛泛的男女间交往就像在超市中购买日用消费品，而婚姻就好比是购买昂贵的奢侈品。婚姻是需要很大投入的产品，包括丧失个人的自由、资金投入、时间投入，最终却往往无果而终。现实生活中，很多故事都是刚开头就结了尾。

一些单身女子认为走入婚姻的"机会成本"太大，所以宁愿选择单身。一般来说，这类单身女子群体的收入高于普通群体。正是由于经济上的独立性这个前提条件，使她们无须依赖男性，而对婚姻挑三拣四。旧时代的单身女子极少，因为女子一无所有，完全没有经济地位，嫁给男人，失去的是自由，但可以得到饭碗。

在现代社会，一个优秀的女子面临许多选择，她有极佳的工作机会，有美好的事业和前程。如果婚姻需要放弃太多，她会犹豫不决；如果婚姻需要投入太多，她会优柔寡断。权衡利弊后，往往会忍痛割爱。单身女子论条件往往不是找不到男人，只是因为婚姻的机会成本太高，相比之下，单身反而有更好的预期回报，单身便成为自然与理性的选择。可以预测，社会提供给女性的工作与发展机会越多，单身女子群体就会越大。

选择了事业的单身女子会出现更高的"沉没成本"，这使得婚姻的选择变得更加不容易。比如投资一个项目，完成可能要1个亿，投入5 000万之后，你开始怀疑这个项目是不是值得做，但是如果放弃，5 000万元就"沉没"了，所以你往往还会固守这个项目。

一个女孩子，在大学里爱上一个人可以追随他到天涯海角，那时候她没有"沉没成本"或者说成本是很小的。但是一个在北京好不容易站稳脚跟并已被或即将被单位委以重任的女子，她的"沉没成本"已经高得惊人，要她放弃一切追随爱情到新疆、广州几乎是天方夜谭。除非她能收回在事业上的投资，也就是说在另一个投资——婚姻市场上获得更好的回报，否则她会割舍不得。所以说，单身女子事业上越强，越希望有很好的感情，以获得补偿，但是在期望值很高的情况下，选择婚姻变得更不容易。

但这也许是一个恶性循环。经济学上有个专业术语叫做"路径依赖"。"路径依赖"又译为"路径依赖性"，它的特定含义是指人类社会中的技术演进或制度变迁均有类似于物理学中的惯性，即一旦进入某一路径（无论是"好"还是"坏"）就可能对这种路径产生依赖。

一个女子因为事业而错过婚龄，又因为放不下事业而在单身的路上走得更远。而如果经历过感情的伤害，很多人会感到感情的不可依赖性和不可强求性。出于弥补心理，她总得需要一样东西，那就是事业。所以人们看到她总是在忙碌。但越是如此，越不容易得到感情，最后可能就锁定在单身的路上了。这就是单身女子的"路径依赖"效应。所以我们看到单身女子成为女强人的概率更大。

单身女子芳华渐逝，婚姻的效用特别是某些独到的效用逐渐凸显。比如情感的寄托、家庭的温馨感，对孩子的喜爱，而事业带来的效用"边际递减"。此时，事业和婚姻往往会出现一个交点。一些单身女子会降低对婚姻的条件以及对爱情的不切实际的想象，而走入现实的婚姻殿堂。

保罗·萨缪尔森 （1915-）

　　美国经济学家。当代凯恩斯主义的集大成者，经济学的最后一个通才。他发展了数理和动态经济理论，将经济科学提高到新的水平。1947 年成为约翰·贝茨·克拉克奖的首位获得者，并于 1970 年获得诺贝尔经济学奖。主要著作有《经济分析基础》、《经济学》、《线性规划与经济分析》 （与人合著）等。

为什么
"门当户对"的婚姻最牢固?

"帕累托最适度"又被称为"帕累托效率",是指资源分配的
一种状态。"帕累托最适度"在不使任何人境况变坏的情况
下,也不可能再使某些人的处境变好。

最初,"门当"是指在大门前左右两侧相对而置的一对呈扁形的石
礅或石鼓;"户对"是指位于门楣上方或门楣两侧的圆柱形木雕或砖雕。
由于这种木雕或砖雕位于门户之上,且为双数,有的是一对两个,有的
是两对四个,故称"户对"。后来的建筑,大门前凡有"门当"的宅院必
有"户对",所以,"门当"、"户对"常常成对出现,逐渐演变成嫁娶
双方的重要条件。

中国古代的文学作品中,落魄的才子常常会遇上大户人家的千金,
最后才子高中进士或状元,然后有情人终成眷属,皆大欢喜。这进士或
状元配大户人家的千金本身就是门当户对。如《西厢记》中的张生究竟
是何许人物?前尚书之子。他才华横溢,后来蟾宫折桂。未来前途不可
限量的状元娶宰相府中的小姐,正是典型的门当户对。至于一贫如洗的
董永卖身葬父赢得玉皇大帝女儿芳心的故事,纯属神话传说,另当别论。

从经济学角度考虑,门当户对符合"帕累托最适度"。

在描述经济社会的理想时,早期的一批意大利经济学家强调"最大
多数人的最大福利"。但是,现实中如何实施呢?维弗雷多·帕累托用数
学方法对此作了逻辑严密的描述,并为经济学界普遍认同。于是,人们
将符合这一描述的经济现象称为"帕累托最适度"。

"帕累托最适度"又被称为"帕累托效率",是指资源分配的一种状
态。"帕累托最适度"在不使任何人境况变坏的情况下,也不可能再使

某些人的处境变好。

一般来说，达到"帕累托最适度"时，会同时满足以下三个条件：

交换最适度：即使再交易，个人也不能从中得到更大的利益。此时对任意两个消费者，任意两种商品的边际替代率是相同的，且两个消费者的效用同时得到最大化。

生产最适度：这个经济体必须在自己的生产可能性边界上。此时对任意两个生产不同产品的生产者，需要投入的两种生产要素的边际技术替代率是相同的，且两个生产者的产量同时得到最大化。

产品混合最适度：经济体产出产品的组合必须反映消费者的偏好。此时任意两种商品之间的边际替代率必须与任何生产者在这两种商品之间的边际产品转换率相同。

为什么说门当户对的婚姻最牢固？

对于这个问题的答案，我们可以采用以下公式分析：婚前，女方幸福为 Y，男方幸福为 X，婚后双方共有增加值为 M。则婚后，双方的所得各为（X+Y+M）/2

第一种情形：M > 0

A：若门当户对，则可以设 X = Y

此时，双方的所得皆大于原来的境况，双方对婚姻的满意度较高。这样的家庭稳定性是最高的，而且随着 M 的增大，稳定性会越高，当然这是一种单纯的假设。

B：若不是门当户对，则不妨设 X > Y（反之亦然）

此时，女方所得为（X+Y+M）/2 > Y，女方的满意度比以前高，此时，女方对婚姻是满意的。

男方所得为（X+Y+M）/2

对男方需要作进一步分析。

1. 如果 Y+M > X，则男方对婚姻较满意；此时婚姻关系是比较稳固的。

2. 如果 Y+M=X，则男方对婚姻不是很积极；此时家庭没有足够的活力，处于摇摆状态。

3. 如果 Y+M < X，则男方对婚姻不满意。此时婚姻关系则很不稳固。

第二种情形：M<0

A：若门当户对，则可以设 X=Y

此时，双方的所得皆小于原来的境况，双方对婚姻的满意度均较低。但是由于双方的满意度并没有产生失衡的对比，二者满意度对比的价值和结婚前一样，同样为零，所以这样的家庭仍然是稳固的。

B：若不是门当户对，则不妨设 X>Y（反之亦然）

此时，男方所得为（X+Y+M）／2<X，男方的满意度与以前相比急剧下降，此时，男方对婚姻非常不满意。

女方所得为（X+Y+M）／2

对女方需要作进一步分析。

1. 如果 X+M > Y，则女方对婚姻较满意。

2. 如果 X+M = Y，则女方对婚姻不是很积极。

3. 如果 X+M < Y，则女方对婚姻也不满意。

在第二种情形 B 中的三个小情形中，在 1 和 2 中，因男方对婚姻的不满意，这样的家庭是不稳固的，在 3 中，是不是像第二种情形的 A 中一样家庭会处于稳定状态呢？答案是否定的，因为在这里虽然女方对婚姻的满意度也在下降，但是男方的满意度下降非常剧烈，造成了二者强烈的失衡，所以这样的家庭是非常不稳固的。

当然，公式归公式，理论归理论。任何事物都不是绝对的。门当户对不应该也不是婚姻的唯一标尺。究竟该如何选择，正如穿在脚上的鞋，舒不舒服只有穿鞋的人清楚。

肯尼斯·约瑟夫·阿罗〔1921-〕

美国经济学家。1972 年因在"一般均衡论"方面的突出贡献与英国经济学家约翰·希克斯共同获诺贝尔经济学奖。他在微观经济学、社会选择等方面卓有成就，被认为是战后新古典经济学的开创者之一。主要著作有：《社会选择与个人价值》、《存货与生产的数学理论研究》（合著）、《公共投资、报酬率与最适财政政策》、《组织的极限》等。

18 岁的姑娘
为何嫁给 80 岁的老翁?

> "老翁娶少女式"的婚姻,在法律上是合法有效的男女结合,经济学没有理由去贬低它或者否定它。它并不违背经济学中的"帕累托最适度"……通过这种婚姻执行的交易,不仅不会减少任何一方的利益,还会使当事双方的利益同时得到增进。

张先是宋词从小令向慢词过渡的代表人物。他有三个描写影子的名句:"帘压卷花影"、"堕轻絮无影"、"云破月来花弄影"。并因此有了"张三影"的美誉。

张先一生安享富贵,诗酒风流。80 岁时,白发苍苍的他娶了一个貌美如花的 18 岁小妾,并惬意地赋诗一首:"我年八十卿十八,卿是红颜我白发。与卿颠倒本同庚,只隔中间一花甲。"

苏轼得知后赋诗一首,调侃道:"十八新娘八十郎,苍苍白发对红妆。鸳鸯被里成双夜,一树梨花压海棠。"

"白发对红妆"并非只出现在封建社会,当前年轻漂亮的女人嫁给有钱有势的老翁的报道屡见不鲜。前不久,各大媒体纷纷报道 92 岁的沙特阿拉伯老翁要迎娶一名 17 岁的埃及少女。据报道,该老翁在埃及度假时结识了少女并向她求婚,承诺给极其贫困的女方家庭近 3 万美元彩礼及金银珠宝。

一些社会学家认为婚姻有三种形态。第一种是纯粹的婚姻，婚姻的当事双方借助婚姻这一稳定的结构维系彼此的情爱。第二种则是畸变的婚姻，从经济学的角度分析，男女借婚姻之名组合在一起，就如同注册成立了一个商业性的项目公司，之后，就是等待获利分红，再之后，就是关门大吉。介于这两种婚姻形态之间的是中间形态的掺有杂质的婚姻，这种婚姻把情感的需求和物质的考虑包含其中，既想兼而得之，同时从两头看又都不过分。

"老翁娶少女式"的婚姻，在法律上是合法有效的男女结合，经济学没有理由去贬低它或者否定它。它并不违背经济学中的"帕累托最适度"。正如从市场的角度来看，一家生产企业，如果能够做到在不损害对手的利益的情况下又为自己争取到利益，这就意味着双赢的局面。通过这种婚姻执行的交易，不仅不会减少任何一方的利益，还会使当事双方的利益同时得到增进。

相信很多人都知道一个经典的老翁与少女的爱情故事。某报业集团的总裁，已年过花甲，在回乡度假时邂逅一位美丽、清纯的少女。此后，少女的情影在总裁心目中挥之不去。思索再三，总裁用重金打动了少女父母的心。少女起初不同意婚事，可环顾四周，家徒四壁，考虑到自己嫁给总裁就可以改变家中的经济状况，于是答应了这门婚事。结果蜜月期还未结束，她就被总裁的幽默、风趣、学识和人品所打动，深深地爱上了年龄和爷爷相仿的老公。

婚后，少女受到了最好的教育。毕业后，少女从报业集团底层做起，经过近20年的摸爬滚打，已经足以独当一面。年过八旬的丈夫在临终前立下遗嘱，放心地将公司交给风韵犹存的妻子。

毋庸置疑，生活中此类事例少之又少。老翁少女式的婚姻大都是畸变的婚姻。**从现代经济学的视点来看，畸变婚姻是以婚姻的名义执行的当事人之间的某种交易。**

在老翁与少女之间的交易中，老翁需要让渡的是他的财产。由于老之将至，这些财产对他来说正在日复一日地不断贬值，到他终老之时，财产的价值将等于零，因此还不如作为青春的租金支付给同床共枕的人。

老人具有广泛的个人声望和崇高的社会地位，这些东西虽然不能让渡，但可以由少女去利用。此外它们还能够满足少女及其家族的虚荣心，这表明此种交易具有正外部性。

少女拥有的最大财富是她的年轻貌美，由于这种财富同生命和青春相联系，通过交易它可以在婚约有效期内由对方占有，但却不可以由对方拥有。对老翁来说，娇妻的青春美貌，其效用在生理方面也许是非常有限的，而在心理方面却可能是无限的。

"老翁娶少女式"的婚姻当然也有风险，而且风险主要集中在老人一边。老之将至还要不失时机地风光一把，饕餮美色，这难免会引发争议，任由别人说长道短，会使自己的声誉和形象受损；名为老公，对妻子却没有真正的"性"趣。如果对方红杏出墙，背地里寻求婚外的满足，绯闻更会让老翁蒙受耻辱，惹人讥笑。

少女是交易中最大的赢家。对她来说，她无须承担风险，并且只要她具有面对社会流言飞语的勇气。这种"付出"也可以看做是少女的机会成本。

如果老翁在同少女达成婚约之前，老翁对少女声明：咱们成亲前先进行婚前财产公证，婚后财产各归各的，生活开支也实行 AA 制，我老死后遗产由他人继承。

试想，少女还会"痴情"地嫁给老翁吗？

西蒙·史密斯·库兹涅茨（1901—1985）

俄裔美国著名经济学家。1971 年获诺贝尔经济学奖。他在经济周期研究中所提出的为期 20 年的经济周期，被西方经济学界称为"库兹涅茨周期"。他在国民收入核算研究中提出了国民收入及其组成部分的定义和计算方法，被经济学家们誉为"美国的 GNP 之父"。主要著作有：《现代经济增长》、《各国经济增长》、《国民收入及其构成》等。

现代人的离婚率
为什么越来越高?

"边际效用递减"是指在其他投入固定不变时,连续地增加某一种投入,所新增的产出最终会减少的规律。该规律另一种等价的说法是:超过某一水平之后边际投入的边际产出下降。

一个离婚的案例,读后让我感慨不已。

一位妻子既有天使般的相貌,又有魔鬼般的身材。丈夫却极力要求离婚。他的离婚理由是:"我长相丑陋,配不上她。"

妻子一语道破天机:"不是这么回事。是他怨我长得漂亮。和他一起上街,他说:'你的回头率高得惊人,不仅年轻人回头注视,连古稀老人也要瞟上两眼。'他害怕我会给他戴绿帽子……"

调解无效,他们从此分手。

这不由得使我联想到流传甚广的段子。过去中国人见面,不论何时何地,最常见的问候语就是:"你吃了没有?"

据说现在最流行的问候语是:"今天,你离了没有?"

或许围城内外的朋友们都曾收到过类似的信息:"结婚是失误,离婚是觉悟,再婚就是执迷不悟了。"

有报告指出,自20世纪70年代末以来,中国的离婚率呈持续上升状态。数据显示,1985年的"离婚对数"只有45.8万对,到1990年增加到了80万对,2005年则达到了178.5万对。2007年,中国有140.4万对夫妻申请离婚,平均离婚率是20%,一些大城市如北京、上海几年前已超过了30%。

从2007年城市离婚率排名可见端倪:

第一名：北　京——39%　　第二名：上　海——38%

第三名：深　圳——36.25%　第四名：广　州——35%

第五名：厦　门——34.9%　　第六名：台　北——34.8%

第七名：香　港——33.8%　　第八名：大　连——31%

第九名：杭　州——29%　　　第十名：哈尔滨——28%

为什么离婚率如同芝麻开花——节节高呢？

从经济学上分析，这是"边际效用递减"规律在起作用。

"边际效用递减"，是经济学的公理，也是整个微观经济学的支柱之一。"边际效用递减"是指在其他投入固定不变时，连续地增加某一种投入，所新增的产出最终会减少的规律。该规律另一种等价的说法是：超过某一水平之后边际投入的边际产出下降。

打个最通俗的比喻：导演朱时茂一声"开始！"扮演"陈小二"的演员陈佩斯风卷残云般地把一碗面条吞了下去，这一碗面条的效用自然应该是 10；接下来重新开始拍，虽然还能吃下去，但是效用可能递减为 5；当第二碗也不算，需要从头再拍的时候，第三碗的边际效用对"陈小二"来说也许只有 0；如果继续吃下去，太撑肚子，边际效用递减为 –5。

又如人们在饥饿的时候吃馒头，吃第一个馒头一定是最香的；吃第二个馒头的时候就不如第一个香了；吃第三个馒头时基本饱了；再吃第四个馒头简直就是一种折磨，效用开始成为负值。这是在生活中很普通的一个"边际效用递减"现象。

在大学校园中，美丽动人的王婷和高大帅气的苏林相恋了。大学毕业后，院里的其他情侣大都劳燕分飞，二人却宣布登记结婚，携手走进了婚姻的殿堂，着实令同学们感慨不已。不久两人便拥有了爱情的结晶—— 一个活泼可爱的儿子。婚后的前几年，虽然经济拮据，可两人相濡以沫，日子过得有滋有味。

不久，苏林因优异的工作表现被提拔为业务经理。细心的王婷发现丈夫经常不回家吃晚饭，问起来总是说工作上的应酬。后来，她听闺中好友小梅说见到苏林和一个年轻的女人打得火热，二人经常在商场、娱乐场所出入。

王婷通过调查发现那名女子是丈夫的同事，同时她还发现苏林曾有找"小姐"的行为。委屈的王婷和苏林大闹一场，然后提出了离婚。

由于"边际效用递减"，妻子的效用比不上办公室的同事。此时妻子就是那第四碗面条、第四个馒头，而办公室同事却是第一个包子。这也是许多像苏林一样的男人为什么家有美貌如花的妻子，却要在茶座、酒吧去找"小姐"的经济学原理。

"边际效用递减"同样可以用经济学名词"投入"和"收获"解释。婚姻开始的时候，你喂对方一口苹果（投入），对方高兴得手舞足蹈，你也快乐得像吃了蜜（收获）。你投入的只是一口苹果，收获的是两个人真心的快乐。

时间久了，你必须要喂对方整个苹果（投入），对方可能才露出一丝笑容，而且还嫌你切得块太大（收获）。

很明显，投入（付出）可能没变小甚至在不断增加，但是收获却没变大，甚至越来越小，这就是让人无奈的"边际效益递减"。

约翰·希克斯（1904—1989）

英国经济学家，在微观经济学、宏观经济学、经济学方法论，以及经济史学方面卓有成就。1972 年与美国经济学家肯尼斯·约瑟夫·阿罗一起获诺贝尔经济学奖。主要著作有：《价值与资本：经济理论的若干基本原则之探究》、《工资理论》、《经济史理论》、《需求理论之修正》、《凯恩斯经济学的危机》等。

为什么
"自古红颜多薄命"？

从经济学的角度分析，"红颜"是一种稀缺资源。人与人之间对其占有的竞争程度与其他非稀缺资源相比就要更激烈。任何资源最终都是稀缺和有限的，然而人们的欲望却是无限的。越是稀缺的资源，人们之间对其占有的竞争就越激烈。

20世纪60年代，已是主要制成品出口国的荷兰发现蕴藏有大量天然气。于是，荷兰政府大力发展天然气出口，很快国际收支就有了巨额顺差，整个经济也呈现出繁荣景象。可是，迅速发展的天然气产业却严重打击了其他经济部门。不久，荷兰遭遇了通胀加剧、制成品出口下降和失业率升高的困扰。资源型产业的繁荣，却最终导致了整个国民经济的衰退，被经济学界称为"荷兰病"。

"自古红颜多薄命"的现象与荷兰病似乎有着千丝万缕的联系。历史上有无数的传奇女子，她们肤若凝脂、貌若天仙，却往往命运多舛。红颜为什么会薄命？

这要从资源的稀缺性谈起。资源的稀缺性是指相对于人类无限多样性的需要而言，经济资源数量总是相对不足的，取用时要付出代价。

人的需求是无限的，相对于人的需求来说，任何资源都可能是稀缺的。资源的稀缺性是被人类自身"制造"出来的。人类不断追求更高的生活质量，而这种追求本身会遇到时间、空间和各种资源的限制。

对于稀缺资源，人与人之间对其占有的竞争程度与其他非稀缺资源相比就要更激烈。任何资源最终都是稀缺和有限的，然而人们的欲望却是无限的。越是稀缺的资源，人们之间对其占有的竞争就越激烈。

对人而言，这种竞争程度的增加也意味着供给双方受到伤害的可能性也都在增大。

首先，供给方之间会产生激烈竞争。女人为了确立婚姻市场上的优势地位，相互之间也会产生一些排挤和打压现象。越是漂亮的女人，受到排挤和打压的可能性就越大。

例如西汉开国皇帝刘邦的妻子吕后年老色衰，年轻貌美、能歌善舞的戚夫人深得刘邦宠幸。结果刘邦去世后，吕后把戚夫人乌黑漂亮的秀发一根一根地扯下来，砍掉了她洁白柔嫩的双手和光洁如玉的双脚，挖去了她一双明眸善睐的眼睛，弄聋了她的耳朵，灌下了哑药，并把她制作成供人观赏的"艺术品"。

其次，需求方之间更会对红颜这一稀缺资源产生激烈竞争，这种竞争甚至是你死我活的竞争。对于国色天香的绝色美人，男人之间会产生激烈的争夺。

更有甚者，没有争夺到手的心里也不见得舒服，总想有机会也占点便宜。当占不上便宜时，一些居心不良的人会产生一种毁坏心理和行为。这种毁坏心理和行为主要目的是为了增大自己的相对效用水平。

西晋时，皇帝面前的红人石崇用十斛明珠的价格买回绝色女子梁绿珠，赵王司马伦的亲信孙秀早就对梁绿珠的美貌垂涎三尺，可石崇职高位重，自己只有干咽唾沫的份儿。孙秀怂恿赵王司马伦发动叛乱，自己大权在手，于是向石崇索要梁绿珠，碰了钉子的孙秀以谋反的罪名包围了石崇的金谷园，梁绿珠像蝴蝶似的从高楼上跳下，霎时香消玉殒，恼

羞成怒的孙秀灭了石崇满门 14 口。

当然,从主观看,红颜薄命反映了人们希望美好事物长久存在的愿望。其实丑女人也薄命,薄得一塌糊涂,却连声叹息都赚不到。只是因为她们长得不美,不出众,不引人注意,所以命薄了也没有人知道。

社会现象毕竟是复杂的。在现实中,红颜薄命的现象是存在的;但另一方面,红颜不薄命的现象也是存在的。这是因为资源的稀缺性而导致的:一是对资源拥有者而言,会提高其保护的积极性,这种积极性对红颜薄命现象会产生一种相反的作用力;二是对女子而言,漂亮本身就是一种资源,这对女子在婚姻市场的竞争中确立优势地位毕竟是有利的因素,如个人能把握好,女孩就可进一步提高生活质量,而不是相反,如一些穷人家的女孩以此改变命运者也是不乏其例。

华西里·列昂惕夫(1906-1999)

美籍俄裔著名经济学家。投入产出分析方法的创始人。1973 年诺贝尔经济学奖获得者。主要著作有:《美国经济结构,1919—1929 年》、《美国经济结构研究:投入产出分析中理论和经验的探索》、《投入产出经济学论文集》、《经济学论文集:理论与推理》、《经济学论文集:理论、事实与政策》、《世界经济和未来》(合著)等。

情侣意见
不一致时谁会占上风？

情侣双方都没有占优策略，最终的结果取决于谁能说服谁。谁坚持己见、不肯妥协的劲头更足，谁就是最后的赢家。这就是情侣博弈的核心。

　　1950年，由就职于兰德公司的梅里尔·弗勒德和梅尔文·德雷希尔拟定出相关困境的理论，后来由顾问艾伯特·塔克以囚徒方式阐述，并命名为"囚徒困境"。经典的囚徒困境如下：

　　警方逮捕甲、乙两名嫌疑犯，但没有足够证据指控二人有罪。于是警方分开囚禁两个嫌疑犯，分别和二人见面，并向双方提供以下相同的选择：

　　若一人认罪并作证检控对方（相关术语称"背叛"对方），而对方保持沉默，此人将即时获释，沉默者将被判监禁10年。

　　若二人都保持沉默（相关术语称互相"合作"），则二人同样被判监禁半年。

　　若二人都互相检控对方（互相"背叛"），则二人同样被判监禁2年。

　　表格概述如下：

	甲沉默（合作）	甲认罪（背叛）
乙沉默（合作）	二人同服刑半年	甲即时获释，乙服刑10年
乙认罪（背叛）	甲服刑10年，乙即时获释	二人同服刑2年

对二人来说，显然最好的策略是双方都抵赖，结果是大家都只被判半年。但是由于两人处于被隔离的状况，首先应该是从心理学的角度来看，当事双方都会怀疑对方会出卖自己以求自保；其次才是亚当·斯密的理论，假设每个人都是"理性的经济人"，都会从利己的目的出发进行选择。这两个人都会有这样一个盘算过程：假如他坦白，我抵赖，得坐10年牢，坦白最多才2年；他要是抵赖，我就可以被释放，而他会坐10年牢。综合以上几种情况考虑，不管他坦白与否，对我而言都是坦白了划算。两个人都会动这样的脑筋，最终，两个人都选择了坦白，结果都被判2年刑期。

基于经济学中 Rational agent 的前提假设，两个嫌疑人符合自己利益的选择是坦白招供，原本对双方都有利的策略——不招供从而均被释放就不会出现。这样两人都选择坦白的策略以及因此被判2年的结局。

"囚徒困境"与早期经济学家亚当·斯密的利己理论是相通的。在市场经济中，每一个人都从利己的目的出发，而最终全社会达到利他的效果。可情侣意见不一致时，"囚徒困境"还会起作用吗？

郭飞和白雪是一对热恋的情侣。郭飞是个足球迷，周末晚上电视要转播一场他喜欢的足球赛。

两人一起看足球对郭飞的收益是2。白雪对足球一窍不通，但因为能和郭飞在一起，周末一起看球的收益是1。

白雪是个歌迷。恰好那天她喜欢的歌星来开演唱会，她准备约郭飞一起去。两人一起去听演唱会对白雪的收益是2，可郭飞偏偏对听歌不太感兴趣，和白雪在一起听歌对郭飞来说收益是1。

由于两人正处在如胶似漆的热恋阶段，在一起对双方都非常重要，一旦分开，无论郭飞单独去看球，白雪单独去听歌，还是郭飞单独去听歌，白雪单独去看球，对双方来说收益都是 0。

那么，郭飞和白雪该如何选择？方法还是：向前展望，往后推理。

对郭飞来说，假如白雪去看球，自己也看球，收益是 2，自己去听歌，收益是 0——看球划算；假如白雪去听歌，自己去看球，收益为 0，两人一起去听歌，收益为 1——听歌划算。

可见，郭飞没有占优策略，白雪决定听歌或者看球，他的最佳选择就是陪着。

对白雪来说，假如郭飞去看球，自己也看球，则收益为 1，自己去听歌，收益为 0——看球划算；假如郭飞去听歌，自己去看球，则收益为 0，两人一起去听歌，收益为 2——听歌划算。

显然，白雪也没有占优策略，郭飞决定听歌或者看球，她的最优选择也是陪着。

二人都没有占优策略，最终的结果取决于谁能说服谁。谁坚持己见、不肯妥协的劲头更足，谁就是最后的赢家。这就是情侣博弈的核心。

如果郭飞能让白雪相信，就是打死他也不会去听歌，那么，白雪就会陪他看球；如果白雪能让郭飞相信，看球会让她生不如死，那郭飞只有陪她听歌。

要让别人相信自己，便需要用到威胁和承诺。

在商业中，情侣博弈非常常见。竞争对手之间自然不会像情侣那样亲密，但他们至少有一点与情侣宁肯牺牲自己的爱好也不愿放弃与对方在一起的时间相同，那就是：谁也不愿意与对手同归于尽。

弗里德里希·奥古斯特·哈耶克（1899~1992）

奥地利裔英国著名经济学家和政治哲学家。以坚持自由市场资本主义、反对社会主义、凯恩斯主义和集体主义而著称。他被广泛视为是奥地利经济学派最重要的成员之一，他对于法学和认知科学领域也有相当重要的贡献。1974 年与瑞典经济学家缪尔达尔同获诺贝尔经济学奖。主要著作有：《货币理论和商业循环》、《物价和生产》等。

第 2 章

校园中的经济奥秘

为什么大学生难就业？

为什么学历越高越容易找工作？

为什么大家甘愿受学校超市的"盘剥"？

学校该不该禁止占座？

大学生该不该谈恋爱？

大学生该不该考研？

为什么人与人之间需要彼此信任？

大学生该不该提前消费？

美国是怎样抓教师帮学生作弊的小辫子的？

为什么大学生难就业?

在整条产业链 "6+1" 的环节里面，"1" 是制造，就是传统意义的制造业。除此之外还有 "6"，"6" 就是从产品设计开始到零售这六大软环节，"6+1" 的环节里面，真正需要大学生的是 "6" 而不是 "1"。

　　提起自己的小儿子李华，李老汉沧桑的脸上的皱纹越发明显。原来李老汉的小儿子四年前以优异的成绩考入本省的一所名校。当时，光酒席就摆了四桌，自豪之情溢于言表。可接下来的四年，为了小儿子上大学，李老汉省吃俭用，不仅花光了家中的两万元积蓄，还向亲朋好友借了两万多元，而如今小儿子毕业后却一直找不到工作。

　　他听说现在大学生都要什么零工资，就是不要工资，只求能够得到一个工作的机会。可这样还是找不到工作。

　　李老汉感到很是困惑不解：大儿子初中毕业后就出去打工，如今在一家小玩具厂工作，月收入 1 600 多元；邻居家的女儿也是初中毕业出去

打工，听说去年年底带回七八万。难道多上了 7 年学的大学生还比不上初中生吗？

从经济学的角度分析，似乎这是供求不平衡的结果。来自教育部统计数据显示，1996 年，全国大学生毕业数量为 83.9 万人，2008 年全国普通高校毕业生规模达 559 万人，比 2007 年增加 64 万人。根据规划，到 2010 年，我国高等学校毛入学率将达 25%，在校生达到 3 000 万人。我国某些教育专家的合理解释是：我们必须要转变思想观念，目前大学教育已经从精英教育转为大众教育，大学生已不再是天之骄子。大学生要努力学习才能在激烈的竞争中脱颖而出。

然而我们不禁产生疑问，国外无论是发达国家还是发展中国家的大学毛入学率都在中国之上，为什么国外的大学生好就业呢？如 1995 年，美国各级各类高等学校就已达 3 600 多所，在校生已超过 1 400 万，18—21 岁适龄青年的入学率高达 80% 以上。日本、英国、法国等发达国家均在 50% 以上，韩国、印度、菲律宾也在 30% 左右。

经济学家郎咸平的产业链"6+1"观点颇有道理。郎咸平先生认为：在整条产业链"6+1"的环节里面，"1"是制造，就是传统意义的制造业。除此之外还有"6"，"6"就是从产品设计开始到零售这六大软环节，"6+1"的环节里面，真正需要大学生的是"6"而不是"1"。举个例子来讲，就说工厂，从董事长到门口的保安，可能没有一个大学生，为什么？因为它的本质是不需要大学生的。那么真正需要大学生的是什么呢？那就是产业链里面六大软环节需要大学生。主要包括产品设计、仓储运输、原料采购、订单处理、批发经营以及终端零售。

今天中国的产业结构是一个以"1"为主而不是一个以"6"为主的产业结构。这个产业结构本身，构成了大学生失业问题的源头。我国的产业现状不足以支持这样的大学生比例，这就是大学生找工作难的原因。那么为什么美国需要这么多的大学生呢？因为美国所掌握的就是产业链里面最有价值的"6"部分。它要通过大学生的通才教育创造出更多的价值。但是有一点是我们一直忽略的，那就是我们甚至不理解国际产业分工当中我们国家是处于何种的劣势地位。

我们在国际市场上被定位在价值最差的制造业环节，而这个制造业环节的特征就是浪费资源、破坏环境、剥削劳动力。而六大软环节，既不剥削劳动力，又不浪费资源，更不破坏环境，却能创造出九倍的价值。大学生在这六大环节当中才能有所学有所用，才能为国家创造出更多的财富。

以我国制造业而言，2006年的净利润回报大约为5%，2007年的净利润回报为2%。权威数据显示，我国制造业上市公司2008年净利润约530亿元，与2007年相比下降42.68%，因此2008年净利润接近负值。制造业的困难不是我们不勤劳，不是我们不努力，而是一开始就定位在整条产业链结构中最没有价值的一部分。

的确，劳动力优势对个别工厂而言可能是优势，但在整条产业链的竞争下，我们毫无优势。以芭比娃娃为例，整条芭比娃娃的产业链成本为10美金，而制造业的劳动力成本只占1美金的25%，也就是说，整条产业链是10美金，而劳动力成本只占两毛五分。这么少，因此想通过中国廉价劳动力走出国门的企业都必将失败。

据教育部统计，2008年，全国普通高校毕业生达559万人，比2007年增加64万人。而全国高校毕业生总量压力还将继续增加，2009年高校毕业生规模将达到611万人，比2008年增加52万人。

据权威数字统计，2008年毕业大学生实际就业率不到70%。在金融危机的冲击下，大学生就业形势将会面临更为严峻的考验。

冈纳·缪尔达尔（1898—1987）

　　瑞典经济学家。瑞典学派、新制度学派以及发展经济学的主要代表人物之一。冈纳·缪尔达尔由于在货币和经济波动理论方面的开创性贡献以及对经济社会和制度现象的内在依赖性进行的精辟分析，于1974年与哈耶克同获诺贝尔经济学奖。主要著作有：《经济理论发展中的政治因素》、《货币均衡论》、《1630－1930年间的瑞典生产费用》、《经济学评论集》等。

为什么
学历越高越容易找工作？

一般而言，卖家比买家拥有更多关于交易物品的信息，但相反的情况也可能存在。从经济学方面解释，信息不对称就是指交易一方对交易另一方的了解不充分，双方处于不平等地位。

一个商人来到教堂，向神甫忏悔道："我……我有罪。"

神甫："说吧，我的孩子。"

商人："二战开始没多久，我藏匿了一个被纳粹追捕的犹太人……"

神甫："这是好事啊，为什么你觉着有罪呢？"

商人："我把他藏在地窖里，而且……而且我让他每天交给我15法

郎租金……"

神甫："你为了这件事而忏悔吗?"

商人："是的,我现在很后悔……我一直还没有告诉他战争已经结束了!"

这是一个经典的冷笑话。笑话背后反映的是经济学中的信息不对称现象。"信息不对称"理论认为:交易中的双方拥有的资料不同。一般而言,卖家比买家拥有更多关于交易物品的信息,但相反的情况也可能存在。从经济学方面解释,信息不对称就是指交易一方对交易另一方的了解不充分,双方处于不平等地位。

市场经济发展了几百年,都是处于信息不对称的情况之下。当人们没有发现信息不对称理论的时候,比如亚当·斯密的时代,市场并没有显示出足够的缺陷,因此斯密甚至把"看不见的手"推崇备至。自由的市场经济理论学者都宣扬市场的自由调节,反对人为地对市场进行干预。

目前,信息经济学逐渐成为新的市场经济理论的主流。人们打破了自由市场在完全信息情况下的假设,开始发现信息不对称的严重性。1996年詹姆士·莫里斯和威廉·维克瑞,2001年乔治·阿克尔洛夫、迈克尔·斯宾塞和约瑟夫·斯蒂格利茨,他们都因为对信息经济学的研究而获得诺贝尔经济学奖。

信息经济学认为,信息不对称造成了市场交易双方的利益失衡,影响社会的公平、公正原则以及市场配置资源的效率,并且提出了种种解决的办法。但是,可以看出,**信息经济学是基于对现有经济现象的实证分析得出的结论,对于解决现实中的问题还处于尝试性的研究之中。**例如,买者对所购商品的信息的了解总是不如卖商品的人,因此,卖方总是可以凭信息优势获得商品价值以外的报酬。交易关系因为信息不对称变成了委托代理关系,交易中拥有信息优势的一方为代理人,不具备信息优势的一方是委托人,交易双方实际上是在进行无休止的信息博弈。

在上述交易中,信息不对称的威力充分显现了出来。对商人来说,隐瞒真相以得到更多的钱,是他的严格优势策略。而犹太人应该清楚这一点。所以，这个博弈的唯一均衡点是：交出所有钱财。即，犹太人把自己的全部财产都给保护人，换取一个承诺：一旦战争结束，就马上让我出去。

随手翻起招聘启事，都会发现只招博士、硕士，本科生免谈的字眼。博士生为什么比本科生容易找到工作？为什么学历越高越容易找工作？因为招聘方在短时间内不可能了解一个人的人品、能力以及工作态度。文凭，特别是名校博士的文凭，预示着应聘者通过学习掌握了知识，提高了能力。招聘方在信息不完全的时候用这个标准来录用员工，简单实用。

不可忽视，市场中存在着"滥竽充数"的现象。几年前一桩冒充北大博士的案件被炒得沸沸扬扬。为了谋取一份好工作，一名自考本科生冒充北大博士生，制造虚假简历蒙骗用人单位，被用人单位察觉后报警，作假者因涉嫌诈骗被提起公诉。

在信息生产、传递的过程中，只有真实的信息才能长期地发挥作用。虚假的信息骗得了一时，骗不了一世。随着社会秩序和经济秩序的逐步健全，处于合约中的我们更注重长久的合作。因此，真实的信息应该是我们思考信息不对称的前提。

列奥尼德·康特洛维奇（1912–）

前苏联著名经济学家。康特洛维奇在经济学领域的最大成就在于他把资源最优利用这一传统经济学问题，对线性规划方法的建立和发展作出了开创性贡献。1975 年，与美籍荷兰经济学家库普曼斯共同获得当年的诺贝尔经济学奖，成为第一个获此殊荣的前苏联经济学家。主要著作有：《生产组织与计划的数学方法》、《最优计划的数学问题》等。

为什么大家甘愿 受学校超市的"盘剥"?

成本是商品经济的价值范畴，是商品价值的组成部分。人们要进行生产经营活动或达到一定的目的，就必须耗费一定的资源（人力、物力和财力），其所耗费资源的货币表现及其对象化称之为成本。

　　李烨在学校超市里买了 8 个橙子，放秤上一秤，4 元钱。李烨想到前天自己在校外的超市里花 5 元钱买了 15 个，而且个头比学校超市的要大。李烨犹豫了一会儿，还是掏钱买了下来。可心想："以后再也不在学校的超市里买东西了。"

　　在学校超市买过东西的学生，可能都会有类似的感觉：学校超市的东西总是要比校外超市的贵 5%~20%，少则几毛，多则几块。这样的超市在学生中常常以"黑店"著称。与校外的超市或小摊相比，学校超市的商品在价格上并没有任何竞争力，可学校超市里还是人来人往。明明学校超市的东西贵，可为什么大家还乐此不疲地购买呢？

　　从经济学角度分析，这是成本在发挥着重要的作用。

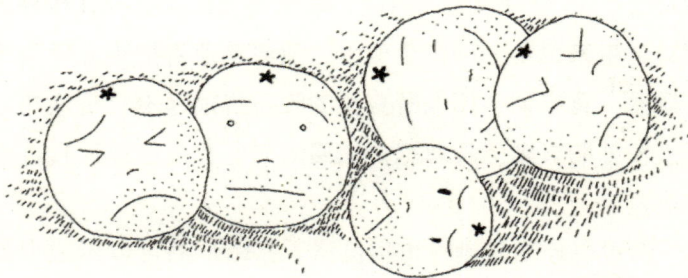

如前所述，成本是商品经济的价值范畴，是商品价值的组成部分。人们要进行生产经营活动或达到一定的目的，就必须耗费一定的资源（人力、物力和财力），其所耗资源的货币表现及其对象化称之为成本。

随着商品经济的不断发展，成本概念的内涵和外延都处于不断地变化发展之中。它有以下几方面的含义：

成本具有补偿的性质。它是为了保证企业再生产而应从销售收入中得到补偿的价值。

成本本质上是一种价值牺牲。它作为实现一定的目的而付出资源的价值牺牲，可以是多种资源的价值牺牲，也可以是某些方面的资源价值牺牲；甚至从更广的含义看，成本是为达到一种目的而放弃另一种目的所牺牲的经济价值，在经营决策中所用的机会成本就有这种含义。

学校超市由于具有优越的地理垄断地位而有利可图。经营商趋之若鹜，学校自然会抬高承包价格，因此经营商的经营成本就会水涨船高。而承包商想赢利就必须提高商品价格。在这场交易中，学校、承包商都是实际利益的获得者，而学生会是交易的牺牲品。

学生选择在学校超市购物受机会成本的制约。机会成本是将资源用于某种特定用途而必须放弃这一资源其他用途所产生的价值。大家都知道外面超市的商品价格的确比学校超市便宜，但大部分情况下大家还是会在学校超市买东西，因为买东西的成本不仅包括所付出的货币，还包括所付出的机会成本。

比方说，某学生突然肚子饿了想买一袋方便面，他知道校外超市比学校超市便宜几毛钱，但从学校宿舍到校外最近的超市也有一段路程，如果步行要花上15分钟以上的时间，那他便会放弃选择在校外的超市购买。时间对学生来说是一种机会成本。他清楚他将把买方便面的时间用来看书、做题、背单词，那他所获得的收益将远远不只是这几毛。如果坐公交车去校外购买则更不划算，来回的交通费用已远远超过校内外超市商品的差额。

垄断厂商可以控制和操控市场价格。垄断厂商可以用减少销售量的方法来提高市场价格，也可以用增加销售量的办法来压低市场价格。即垄断厂商可以通过改变销售量来控制市场价格，而且垄断厂商的销售量和市场价格成反方向的变动，所以就学校超市的地理位置来说，其完全具备垄断市场的特质。这也是学校超市可以漠然提高商品价格的原因。

如何才能让学生在较短的时间内买到物美价廉的商品？学生们可以在一次逛街或去外面超市的时候考虑好所需的生活必需品以及一定时期的需求量。比如买方便面，一次买了一包，当我们吃完这一包时又必须再买。如果我们大致计算一下短期内（比如一两个星期）所需要的量，然后一次买好，这样就降低了来回去超市所花费的时间、金钱等成本。至于水果等不易存放的物品，我们在学校外的临时摊点上便可以买到物美价廉的，这样就可以节省开支了。

校园生活中的经济学无处不在。只要同学们找对重点，积极分析，用心找出解决方法，经济学必定会无条件为同学们服务。

佳林·库普曼斯（1910–1985）

美籍荷兰经济学家。在现代经济计量学的创立和将线性规划应用于经济方面造诣颇深。并将数理统计学成功运用于经济计量学。对资源最优分配理论作出了贡献。1975年与康特洛维奇同获诺贝尔经济学奖。主要著作有：《经济增长和能耗尽的资源》、《论最优经济增长概念》（主编）、《论经济学现状的三篇论文》等。

学校该不该禁止占座?

"占座"就是在一次活动开始前占有活动场地内某个或某些位置在活动期间的使用权,并以放在该位置的物品作为标识或是直接守在那里。"座位"是学校教学、生活的重要资源。"占座"是一种抢占资源的行为。

占座渗透在大学生活的每个缝隙,图书馆、自习教室、餐厅等等。用来占座的武器也千奇百怪:钥匙、书包、水壶……当然钱除外。

张强是某大学的新生,素来酷爱读书。领到借书证那天,他特意早早地去阅览室门口排队。他数了数,前面大概有 20 多人,自己很是高兴,因为座位少说有几百个。可等到他进去的刹那,感觉好似一桶冰水浇到了头上。几百个座位居然几乎都被人占了。占座的方式真是令人眼花缭乱:一条长围巾、一卷展开的卫生纸……

张强不近视,远远地发现最后一排的角落里还有空位,于是兴冲冲地冲了上去。就要接近座位时,发现桌子上已经放了一把钥匙。前排的师姐正对他横眉冷对。

好在最后一个座位只放着一块砖头。不像是刻意占座。他把砖头推开时，真是哭笑不得。原来砖头下面还有张纸条，上面写着："此座已占，下回请早。"

早期的经济学家认为，"合乎理性的人"的假设通常简称为"理性人"。所谓的"理性人"的假设是对在经济社会中从事经济活动的所有人的基本特征的一个一般性的抽象。其基本特征是：每一个从事经济活动的人都是利己的。每一个从事经济活动的人所采取的经济行为都是力图以自己的最小经济代价去获得自己的最大经济利益。在任何经济活动中，只有这样的人才是"合乎理性的人"，否则，就是非理性的人。

从经济学的角度看，当我们假设所有的人都是"理性人"时，"理性人"追求效用最大化。占座的同学往往不仅为自己占座，还会为自己的朋友占座。

从经济学的角度分析，其中包含了"理性人考虑边际量"的原理。当一位同学提前赶到图书馆，多占个座不过是举手之劳。在这里边际成本几乎不存在，而这一行为将带来怎样的边际收益呢？首先，朋友可能会认为这位同学很体贴，并因此提高对这位同学的评价；其次，即便是这位同学所服务的人不认为这是美德的表现，而将之视为一项投资，遵循等价交换的原则，在适当的场合下，他（她）也必定会为之付出某种程度的报酬。

然而，"占座"是在一次活动开始前占有活动场地内某个或某些位置在活动期间的使用权，并以放在该位置的物品作为标识或是直接守在那里。"座位"是学校教学、生活的重要资源。"占座"是一种抢占资源的行为。

被抢占的资源的使用权和所有权是相分离的。使用权归个人，所有权归学校。使用权让渡给使用者时没有明确或者无法明确分配规则，导致使用者采取抢占行为不涉及所有权的问题，因而不是违法的。所有权与使用权的分离是抢占行为产生的基础。其产生的根源是被抢占资源的稀缺或是由质量优劣差异导致的优者的稀缺。稀缺性加上不明确的分配规则，使使用者获利不确定，于是引发了抢占行为。

这类可抢占的资源实质上是共有资源，而且是那些产权难以界定、收费难、分配规则无法明确的稀缺的共有资源。在这里可称其为"可占的共有资源"。比如海洋资源、生态资源、市场资源等。这类资源在配置过程中都会遇到抢占问题，而且会由抢占行为在各自系统内形成一个特殊的市场，在这个"抢占市场"上，资源的使用者作为买方形成需求，资源的存在状况构成供给，抢占者支付的抢占成本形成了市场价格。主动权在买方手中，价格在买方的竞争中形成。

对于占座的行为，学校作为管理者应该加以禁止。如同政府对海洋生物的过度捕捞、林木的滥伐、环境污染都严加监管，限制类似抢占资源事件发生，否则学校的教学秩序、日常生活都会混乱不堪。

米尔顿·弗里德曼（1912－2006）

美国经济学家，货币主义大师，以研究宏观经济学、微观经济学、经济史、统计学及主张自由放任资本主义而闻名。1976年获得诺贝尔经济学奖。主要著作有：《实证经济学论文集》、《消费函数理范》、《资本主义与自由》、《价格理论（初稿）》等。

大学生该不该谈恋爱？

大学生谈恋爱需要显性成本和隐性成本，在有风险的情况下会获得丰厚的收益。

　　李明是某重点大学的大一学生。在环境幽雅、宽松舒适的环境中，高中期间久被压抑的情感瞬间迸发。他用各种方式对一位一见钟情的女生进行了疯狂的轰炸。先是以各种借口请对方吃饭、看电影，接着给对方买鲜花。不久，两人坠入爱河。他们两人成双入对，引来同学们羡慕的眼神。可恋爱是需要成本的，不久李明就捉襟见肘，一个学期的生活费短短两个月就花光了，只好以各种借口向父母要钱，比如英语、计算机的培训费。

　　在目前的大学校园中，花前月下、卿卿我我的情侣构成了一道亮丽的风景线。

谈恋爱的成本……

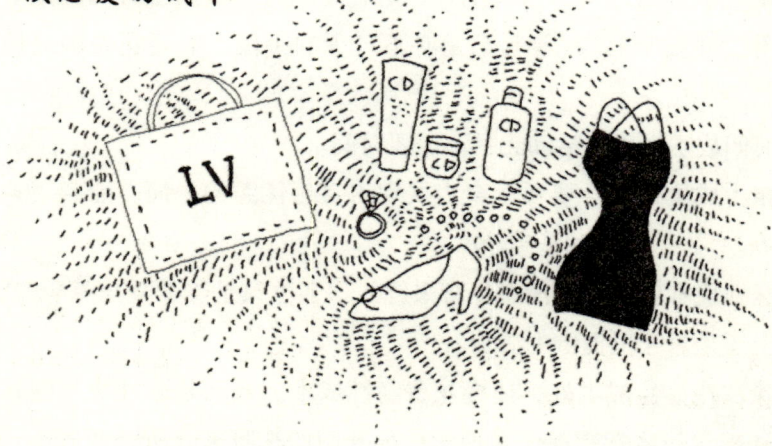

可大学生该不该谈恋爱呢?

在回答问题之前,我们先看看大二男生晓峰(化名)的亲身经历。

晓峰和异校的女友约好了晚上见面。为赶时间,晓峰放学后赶紧打车。见面地点安排在一家人来人往的饭店里,他们花了一个半小时和 180 元钱;然后他们选择逛商场,晓峰买给女友一瓶价值不菲的防晒霜,价值 260 元;一顿丰盛的晚餐又花掉三百元。一个月的生活费一天就花去了一大半。

大学里的恋爱相对来说还是稀缺性资源。若想获得恋爱这种稀缺性资源,就必须去主动追求女生,即提高供给曲线,来满足对方的效用。

男生为了得到这种稀缺性就要付出显性成本与隐性成本。

显性成本是指企业从事一项经济活动时所需要花费的货币支出,包括雇员工资,购买原材料、燃料及添置或租用设备的费用,利息,保险费,广告费以及税金等。在经济学中,显性成本是指计入账内的、看得见的实际支出,例如支付的生产费用、工资费用、市场营销费用等,因而它是有形的成本。一般成本会计计算出来的成本都是显性成本,销售收入减去显性成本以后的余额称为账面利润。从某种角度讲,显性成本反映的是实际应用成本,可以在产品价值中得到反映并具有可直接计算的特点。

一名男生追求女生首先得搭讪,然后要电话号码,约好下次见面;然后请吃饭、陪逛街、请看电影、送礼物(尤其女友生日和情人节、圣诞节等"重要节日")等等都是必不可少的手段。需要花费的显性成本有:

时间成本:以上活动无一不需要时间。

精力成本:男生要竭尽全力展现出自己优秀的一面,能言善谈,幽默等等。

金钱成本:大学生没有经济来源,顶多也只是奖学金与兼职的收入,基本上还是靠家里提供生活费。

除花费显性成本外,还要花费隐性成本。什么是隐性成本呢?如果我们从现代经济学和现代管理学更加开阔的视野来分析企业成本,就会发现许多成本尚未被管理者重视，如管理层决策失误带来的巨额成本增加、领导的权威失灵造成的上下不一致、信息和指令失真、效率低下等。**相对于显性成本来说，这些成本隐蔽性大，难以避免、不易量化，我们把它称为隐性成本。**谈恋爱更是要花费隐性成本。

需要花费的隐形成本有：

沉没成本。沉没成本已经付出且不可收回，这是为很多学生所忽略的。由于付出了大量的时间、金钱、精力等等而形成的沉没成本，让学生们往往在生活、学习中处于不利的地位。

爱情的投入产出：两个人一人投入一份感情，就产生了爱情。但两个人的感情投入必须成一定比例，互相之间是不可替代的，不能说一个付出双份的感情，另一个却无动于衷。那往往难以产生爱情，而常常只能产生"单恋"。

当一名男生煞费苦心把心仪已久的女生追求到手后，发现两个人在一起根本不幸福（比如女孩是由于对方苦苦追求才勉强答应等等），但沉没成本的存在会使放手变得不再轻松。

机会成本。机会成本是指放弃在大学里恋爱而能得到的最大收益。如果一名学生不谈恋爱，他的最大收益是学习出类拔萃，组织能力得到锻炼，阅读了大量书籍，考取了不同证书，为自己就业增加了砝码。

当然，恋爱能给男女双方带来巨大的收益。它满足了双方归属和爱的需要。越是真心实意的恋爱，其当事人支付的成本越低，收益越高。收益还有精神激励、自信心的极大满足等等。

大学生该不该谈恋爱呢？仁者见仁，智者见智。

贝蒂·戈特哈德·俄林（1899–1979）

　　瑞典著名经济学家，现代国际贸易理论的创始人。1977 年，贝蒂·戈特哈德·俄林因对国际贸易理论和国际资本运动理论作出了开拓性的研究，与英国剑桥大学的詹姆斯·爱德华·米德一同获得了当年的诺贝尔经济学奖。主要著作有：《区际与国际贸易》、《对外贸易与贸易政策》、《国际经济重建》、《资本市场和利率政策》、《就业稳定问题》等。

大学生该不该考研?

考研需要显性成本和隐性成本，可又收益颇丰。考研显性成本指的是一名本科生为了通过硕士研究生入学考试前前后后需要支出的金钱；考研隐性成本是指为考研而投入的时间和精力以及机会成本。

———————————————————————————

一天，一只兔子在山洞前写文章。一只狼走了过来，好奇地问道："兔子，你在干什么?"

兔子回答说："写论文。"

狼问道："什么题目?"

兔子回答说："《浅谈兔子是如何把狼吃掉的》。"

狼哈哈大笑，表示不信，于是兔子把狼领进山洞。

过了一会儿，兔子独自走出山洞，继续写文章。

一只野猪走了过来，问："兔子啊！你在干什么?"

兔子回答道："写论文。"

野猪问道："题目是什么?"

兔子回答说："《浅谈兔子是如何把野猪吃掉的》。"

野猪不信，于是同样的事情发生了。

最后，在山洞里，一只狮子在一堆白骨之间，满意地剔着牙读着兔子交给它的文章，题目：《一只动物，能力大小关键要看你的老板是谁》。

故事并没有结束。

这只兔子有一次不小心告诉了它的一个兔子朋友，这消息逐渐在森林中传播。狮子知道后非常生气，它告诉兔子："如果这个星期没有食物进洞，我就吃你。"

于是兔子继续在洞口写文章。

一只小鹿走过来问："兔子，你在干什么啊？"

"写文章！"

"什么题目？"

"《浅谈兔子是如何把狼吃掉的》！"

"哈哈，这个事情全森林都知道啊，你别忽悠我了，我是不会进洞的。"

"我马上要毕业了，狮子说要找个动物顶替我，难道你不想写这篇文章的兔子变成小鹿吗？"

小鹿想了想，终于忍不住诱惑，跟随兔子走进洞里。过了一会儿，兔子独自走出山洞，继续写文章。

一只小马走过来，同样的事情发生了。

最后，在山洞里，一只狮子在一堆白骨之间，满意地剔着牙读着兔子交给它的文章，题目是：《如何发展下线动物为老板提供食物》。

随着时间的推移，狮子越长越大，兔子提供的食物已远远不能填饱它的肚子。一天，它告诉兔子："我的食物量要加倍，例如：原来 4 天一只小鹿，现在要 2 天一只，如果一周之内改变不了局面我就吃你。"

于是，兔子离开洞口，跑进森林深处。它见到一只狼问："你相信兔子能轻松吃掉狼吗？"

狼哈哈大笑，表示不信，于是兔子把狼领进山洞。

过了一会，兔子独自走出山洞，继续进入森林深处。这回它碰到一只野猪——"你相信兔子能轻松吃掉野猪吗？"

野猪不信，于是同样的事情发生了。原来森林深处的动物并不知道兔子和狮子的故事！

最后，在山洞里，一只狮子在一堆白骨之间，满意地剔着牙读着兔子交给它的文章，题目是：《如何实现由坐商到行商的转型为老板提供更多的食物》。

笑话其实讲的是研究生的就业、前途与导师的名气、能力息息相关。我们暂且把研究生的收益抛在一旁，先悄悄地计算一下考研的成本。

从经济学的角度考虑，考研需要计算显性成本和隐性成本。考研显性成本指的是一名本科生为了通过硕士研究生入学考试前前后后需要支出的金钱。如果一名学生是跨校考研，给出一个理想化的计算案例：以六个月备考时间跨度。房租费 6×400 元 = 2 400 元；书本费（教材、参考书、各种资料、历年专业课试题）800 元；报名费 100 元；复试交通费（距离越远、次数越频繁费用越高）、住宿费、面试费（不包括给导师或招考相关负责人的见面礼）至少 1 500；其他诸如上政治、英语辅导班的钱、专业课辅导班的钱，以 2 000 元计算……少说也大于 7 000 元了！如果是本校考研，费用会大大降低。可如果是辞掉工作考研，花费的费用则只是一种理想化的成本计算，一般说来对于大多数人，成本不会这么高，特别是考本校本专业的在校生，此成本会大为降低。

投入的时间和精力都是可以用来做别的事情的，比如做自己喜欢的事情，准备找工作、做兼职等。用花在考研上的时间来做其他事情所创造的价值就是考研的机会成本。

对企业来说，招聘的时候会选择有几年工作经验的本科生，还是连读了十几年书而能力平平的某些研究生，答案不言自明。

当然，关键是看这名学生的老板（导师）是谁了。

詹姆斯·爱德华·米德 (1907–1995)

英国经济学家。1977 年由于与贝蒂·戈特哈德·俄林共同对国际贸易理论和国际资本流动作出了开创性研究，而获得 1977 年诺贝尔经济学奖。主要著作有《国际经济政策理论》。

为什么
人与人之间需要彼此信任？

如果每个人从利己目的出发，结果损人不利己，既不利己也
不利他。合作是有利的"利己策略"。但它必须是按照你愿意
别人对你的方式来对别人，因此只有别人也按同样方式行事
才行。

一位老先生病逝了。他来到天国的入口，天使问他是想去天堂还是
想去地狱。他犹豫了一下，问道："如果允许再回到天堂的话，我选择
先去地狱。人们都说地狱很可怕，我还从未见过呢。"

天使毫不犹豫地把这位老先生送到了地狱的入口。原以为地狱很可
怕，可他发现地狱的环境真是美不胜收。天上白云朵朵，小天使在自由
地飞翔；地上绿草如茵，摆满了堆放着美食的餐桌。

老先生回头望了望天使，问道："这真的是地狱吗？"

天使肯定地点了点头。

他逐渐发现有些不对劲。虽然桌子上摆满了美食，可餐桌上摆放的
餐勺却长得出奇。人们费尽九牛二虎之力，也无法把食物送到自己的嘴
里，最终只能气呼呼地看着桌子上的食物发呆。

老先生离开了地狱，又来到天堂。他惊讶地发现，天堂里的景色和
地狱别无二致，同样的餐桌，同样丰盛的食物，同样长得出奇的餐勺。
唯一不同的是，这里的人都用长勺子喂对方吃饭，他们毫不费力地享用
着人间难得的美餐。

这则广为流传的故事所蕴涵的经济学原理其实就是天才数学家纳什
的"非合作博弈的均衡"。

"非合作博弈的均衡"又称"纳什均衡"。其内容是：假设有 N 个局中人参与博弈，给定其他人策略的条件下，每个局中人选择自己的最优策略（个人最优策略可能依赖于也可能不依赖于他人的战略），从而使自己效用最大化。所有局中人策略构成一个策略组合（Strategy Profile）。这种策略组合由所有参与人最优策略组成。即在给定别人策略的情况下，没有人有足够的理由打破这种均衡。

"纳什均衡"推翻了亚当·斯密 150 年的经济理论——如果每个人都以自己的最大利益出发，那么最终会得到资源的最优化配置和整个社会效率的最大化。

亚当·斯密认为，经济学中的"理性"就是假设人们对每一种可能性都衡量其代价和收益。不管是什么样的人，国家领袖、企业老总、工厂工人，抑或个体小商贩、普通消费者，甚至慈善家，他们的行为动机均是满足自身的利益。一方面，任何人无论做任何事，他时刻关心的都是自己的利益；另一方面，在行动上人又都是理性的，能够最充分地利用他所得到的资源（时间、精力、金钱等）和所处环境的信息（价格、舆论等），在精心衡量把握的基础上使自身的利益最大化。这种理性的自利主义者在经济学理论上就抽象为"经济人"。

而"纳什均衡"理论是：如果每个人从利己目的出发，结果损人不利己，既不利己也不利他。合作是有利的"利己策略"。但它必须是按照你愿意别人对你的方式来对别人，因此只有别人也按同样方式行事才行。

在学科领域中，这一发现奠定了现代非合作博弈论的基础。在纳什之前的博弈论是零和博弈，即在博弈双方中，不是你赢我输，就是我赢你输，不是你死我活，就是我死你活，对抗性非常强，这种情况往往发生在战争中的对抗，而在和平年代的市场竞争中也经常会出现这样"惨烈"的局面。

我们经常会遇到各种各样的价格大战，彩电大战、冰箱大战、空调大战、微波炉大战、手机大战……这些大战的受益者首先是消费者。每当看到一种家电产品的价格大战，百姓都会"没事儿偷着乐"。其实，厂家价格大战的结局就是典型的"纳什均衡"，价格战的结果是谁都没钱赚，因为博弈双方的利润正好是零。竞争的结果是稳定的，即是一个"纳什均衡"。这个结果可能对消费者是有利的，但对一些厂商而言是灾难性的。

有这样一个经典的案例：沈阳两家医药保健品龙头企业，中秋之际暗自较劲，总想知道对方如何制定促销政策、用何种形式等。然而，双方的保密措施却让各自的对手无计可施，没办法只能狠心将价格、买赠比例降到最低，将规模做到最大，促销不为挣钱，只要收支平衡就算成功，结果是让消费者着实得到了一把实惠。促销后，双方陷入了一个销售低谷期，企业利润大幅下降，促销带来的伤害将企业拖入了恶性循环的怪圈。

纳什均衡告诉我们，在博弈中可以避免这样"惨烈"的对局，完全存在对博弈双方都好的结局，也就是双赢的结局。

赫伯特·亚历山大·西蒙（1916~2001）

美国心理学家，卡耐基·梅隆大学知名教授，研究领域涉及认知心理学、计算机科学、公共行政、经济学、管理学和科学哲学等多个方向。1978年获诺贝尔经济学奖。主要著作有：《行政管理行为》、《我的生活模型》、《组织》（合著）、《管理决策新科学》、《有限理性模型》、《思维模型》等。

大学生该不该提前消费?

提前消费,就是拿明天的钱获取今天的需求和享受,这的确是一种趋势。但大学生提前消费也是一柄锋利的双刃剑。它既解了大学生的"燃眉之急",也会给大学生带来沉重的经济、心理负担。

有一个经典的故事,故事的主角只有两个人:一个中国老太太和一个美国老太太。二人都笃信基督教。天堂门口,二人见面寒暄起来。

中国老太太有些伤感地说道:"我这一辈子都在攒钱中度过,目标就是搬出自己破旧的老房子。自己舍不得吃,舍不得喝,辛辛苦苦攒了一辈子,终于从黑暗破旧的筒子楼搬进宽敞明亮的大房子了,却在当晚来到了天堂。"

美国老太太听后炫耀道:"我从年轻的时候就通过分期付款的方式搬进了宽敞明亮的大房子。在来天堂之前,终于还清了住房贷款。"

两个老太太,代表着两种不同的消费观。美国老太太的消费观是一种提前消费的方式。所谓提前消费就是指用明天的钱来消费。

消费和投资是经济学中完全不同可又息息相关的两个概念。投资的目的是满足人的消费,但这种消费带给投资者的是巨大的效益。有强烈的消费欲望,如果没有足够的资金是没办法实现消费的。但生产的东西总需要人来消费,这样宣扬提前消费的概念就呼之欲出。

提前消费,就是拿明天的钱获取今天的需求和享受,这的确是一种趋势。目前提前消费为越来越多的中国人所津津乐道。中国出现了一个百万"负"翁的群体。他们贷款买房、买车、买高档生活品。据统计有57%的人表示"敢用明天的钱",48%的人表示不为自己成为"负"翁担忧。

目前招商银行针对学生开发了一种 Young 卡。此卡可以透支，信用额度与在读学历有关。目前按本科 3 000 元，硕士研究生 5 000 元，博士研究生 8 000 元授予信用额度。每年使用 6 次以上免付年费（包括转账、提款、刷卡、电话付账、网上银行、邮政购物等等业务）。刷卡贷款，50 天内还款没有任何利息。每月首次提现免手续费，第二次以后就要收百分之一的手续费，贷款提现可以提 1 500 元，贷款刷卡能用 3 000 元，贷款刷卡 50 天内还没利息；超过 50 天，每天收万分之五的利息；超过 50 天扣复利。

据招商银行的工作人员介绍："Young 卡的所有情况都直接纳入全国联网的个人信用信息基础数据库，而这个数据库是全国所有商业银行联网可查的。如果大学生信用良好，我们将在毕业时为其出具权威信用报告，为个人诚信加分，同时可以将 Young 卡直接换成更高额度的招商银行标准信用卡。如果在数据库中留下不良信用记录，即使学生毕业后，跟所有银行打交道都会非常困难，甚至会被列入客户黑名单中。"

前往招商银行办理该业务的学生络绎不绝。很多学生用此卡购买了日用生活品、衣服、书，当然也有电脑、数码相机等高档商品。

一些理财专家对此忧心忡忡，他们认为办理此卡的学生如果出于虚荣和攀比的心态去盲目消费，会给家庭背上沉重的经济包袱，这是相当危险的；有信心、有能力去偿还贷款或债务是大学生超前消费的前提条件。**大学生不量力而行，一味透支，以与别人追求平等的消费水平来获取自信，这最终会导致精神上的焦虑。**

很多大学生在毕业前产生焦虑抑郁的情绪，主要原因在于他们开始意识到自己将脱离学校的母体去独立承担社会责任，也就是将面临偿债的压力，他们常常因此缺乏信心而引发精神上的忧虑甚至恐惧。如果大学生在试图超前消费时，要对自己还贷能力作充分估计，否则就不应盲目提前消费。

多数家长也对大学生存在过度提前消费的状况担忧。他们认为孩子没有固定收入，平时都是伸手向父母要钱，因此在消费时都会有所顾忌。而现在一些学生办卡的目的就是为了能透支，可以避免向家长要钱时的

难堪心理。信用卡进校园会有一定的负作用，学生若不能及时还款，不但会造成其自身信用度的损失，对其大学正常的学习和生活也会产生负面影响。

大学生提前消费也是一柄锋利的双刃剑，它既解了大学生的"燃眉之急"，也会给大学生带来沉重的经济、心理负担。大学生们应谨慎对待信用卡使用热潮，从个人的实际情况出发，养成良好的理财习惯。

威廉·阿瑟·刘易斯（1915-1991）

英国经济学家，发展经济学的成就者。研究发展中国家经济问题的领导者和先驱。在发展经济学方面颇有建树，提出了二元经济模型和进出口交换比价模型。1979 年获诺贝尔经济学奖。主要著作有：《经济计划原理》、《经济成长理论》、《经济成长面面观》、《国际经济秩序之演化》等。

美国是怎样抓教师帮学生作弊的小辫子的？

莱维特认为最不道德的手段是教师、校长及学监串通在考试中作弊，比如延长考试时间、放松考场纪律，甚至篡改学生的答题结果。莱维特认为如果教师采用后一种手段进行作弊肯定会在学生的答案中留下一些线索。

21世纪初，湖南嘉禾县曝出我国恢复高考以来最大的集体舞弊丑闻。在嘉禾考点参加考试的507名考生中，已经调查发现有236份雷同试卷，涉及192名考生。由于一个电视台的记者事先得到消息，偷拍了舞弊现场，才使得这一事件被曝光。据调查，这是一起涉及教师的高考舞弊案。

教师帮学生作弊并非发生在中国的个别现象。

几年前美国通过了一项法案，要求各州对中、小学三至八年级的学生进行统一考试以测试学生的学习效果，并且据此考查各学校的教学质量，有些州还规定据此对表现出色的教师进行奖励。

有识之士认为，这种考试一方面会为教师提高教学质量提供激励，但他们也担心这种考试会使教学变成应试教育，并且使一些教师为达到目标而进行作弊。这种担心终归是一种猜测，最终结果要靠事实和数据来证明。

素有经济学界"鬼才"之称的经济学家莱维特没有像其他"学院派"学者那样局限在高深的数据、模型、理论建构里打转，而是把严肃的论文改写成通俗可读、经济学门外汉亦很易上手甚至着迷的"小品"，促成了《魔鬼经济学》的诞生。

莱维特发明了一个全新的研究领域：像是一个苹果，用经济学的解剖

刀切开，里头竟然是橘子。这种解剖刀凭借的是经济学里俯拾即是的工具，不同的只是改从最有趣而关键的点切入。

莱维特在防范教师作弊这一领域作出了开创性的贡献。他的两篇论文《烂苹果：对教师作弊普遍性及预示指标的研究》、《抓住作弊者：理论应用试验的结果》构造了一种方法，使人们能判断是否存在教师作弊行为及作弊的普遍程度。

教师作弊手段可谓多种多样，如可以事前分析考试规律，围绕考试内容来授课。莱维特认为最不道德的手段是教师、校长及学监串通在考试中作弊，比如延长考试时间、放松考场纪律，甚至篡改学生的答题结果。莱维特认为如果教师采用后一种手段进行作弊，肯定会在学生的答案中留下一些线索。

他认为如果一个班级存在作弊行为，那么会有三个显著特点：

（1）作弊当年考试成绩优异。

（2）作弊发生的次年成绩显著下降。

（3）学生答案分布异常。

从这些细致入微的观察和思考出发，他设计出甄别教师作弊的两组指标：一是考试成绩的异常波动；二是学生答案的异常分布。

考试成绩的异常波动可以得到精确的数据，但答案异常分布的测量则相对困难。首先，莱维特分析了确定无作弊行为的考试中学生答案的分布情况，以此作为测量的基准，然后，用四个指标来测试不同作弊手法对答案分布的影响：

（1）一个班中一组相连续的问题答案异常地趋同，这说明教师的作弊手法初级。

（2）班级之间学生答案的总体相关程度。如果教师随机更改答案，那么这个班级答案的总体相关程度将会提高。

（3）一个班级中的学生对不同问题答案的相关程度。如果学生对有一些问题的答案高度一致，而对其他问题的答案则平均分布，说明教师有可能更改了一些特定问题的答案。

（4）不同班级间学生对不同难度问题答案的差异。对于不同班级中得分相同的学生来说，如果简单的问题回答错了，但困难的问题却回答对了，说明其中有教师作弊的可能性。如果一个班级成绩波动幅度大，但答案分布差异不大，说明教师没有作弊；如果这两个指标的差异都比较大，则有可能出现教师作弊。

戴尔·乔根森（1933-）

美国经济学家。系统地阐述了以资本服务的租金价格为基础的新古典投资理论，以及从增加投资中物化的新技术方面解释了生产率的变动。在旧式的生产理论中，新技术被设想成是"非物化的"，即在某种意义上是独立于资本和劳动的增长之外的。乔根森成功地证明了技术变革能够作为改善资本量的投资过程来分析，因此，"资本"像葡萄酒一样，要紧的不仅是量，而且是"酿造期"。

第 3 章

职场中的经济奥秘

为什么职场中会有"劣胜优汰"现象？
为什么有人能迅速担当起重任？
为什么有的公司高工资不一定带来高效率？
为什么别人升职比你快？
为什么你未获得高薪和升职的机会？
你是想做"小猪"，还是想做"大猪"？
刘备为什么三顾茅庐？
跳槽者，你准备好了吗？

为什么职场中
会有"劣胜优汰"现象？

"格雷欣法则"意为在双本位货币制度的情况下，两种货币同时流通时，如果其中之一发生贬值，其实际价值相对低于另一种货币的价值，实际价值高于法定价值的"良币"将被普遍收藏起来，逐步从市场上消失，最终被驱逐出流通领域，实际价值低于法定价值的"劣币"将在市场上泛滥成灾。

　　有两位面包师傅：一位卖的面包松软香甜，并且他童叟无欺；另一位卖的面包则干瘪粗糙，短斤少两，但是价钱却比第一位低一半。哪一位师傅的面包会畅销？

　　答案或许不一定如大家所料，一定是第一位。为什么？这就要引出"格雷欣规律"。

　　"格雷欣规律"，亦称"格雷欣法则"。是以托马斯·格雷欣（1519–1579）爵士的姓氏命名的。格雷欣是英国著名的金融家、慈善家，皇家证券交易所及格雷欣学院的创建者。他对货币与交易方面的事宜了如指掌，因此成为英女王伊丽莎白一世改革货币制度的主要军师，

业务包括与佛兰德斯的商人议定皇室贷款、购买军备，以及偷运黄金进英国。

"格雷欣规律"是一条经济规律，又称"劣币驱逐良币规律"。双本位货币制度同时存在的情况下，两种货币流通时，如果其中之一发生贬值，其实际价值相对低于另一种货币的价值，实际价值高于法定价值的"良币"将被普遍收藏起来，逐步从市场上消失，最终被驱逐出流通领域，实际价值低于法定价值的"劣币"将在市场上泛滥成灾。

网络上有个经典的案例：一位从国外学成归来的医生，标准"海龟(归)"，就职于某市某家大医院。他不仅医术高超，而且医德高尚，工作兢兢业业，尽职尽责。此医生有一"怪癖"，或者说，从国外带回来了一个"坏习惯"，就是从来不"笑纳"病人私下主动递上来的"红包"，这还得了，马上就激起了大多数医生们的愤怒。

于是，最后由院方出面，和他解除了聘用合同。当然，根据以往的丰富斗争经验，不能简单地让他一走了事，应该给他扣上几顶不大不小的帽子，表明这个医生工作一向不称职，不能胜任医生的神圣岗位，弄得这位医生下岗后四处求职不得，只好又被迫远走他乡，重新出国另谋他路。

现实生活中类似的例子屡见不鲜。其实，这都是"格雷欣规律"在悄悄地起着作用。

"格雷欣规律"虽然是货币、金融领域内的著名规律，但在各个领域也有一定的泛化倾向。下面一则寓言故事，形象地说明了"格雷欣规律"影响下的社会现象。

话说牛年马月鼠日，虎大王宣布动物王国对动物小头领实行末位淘汰制。其规则是：由全体动物给众动物小头领逐一投票打分，按得分高低，排名为倒数三名的小头领为被淘汰对象。

一石激起千层浪。动物小头领们全都紧张起来了，心都提到嗓子眼了。事情明摆着：被淘汰的那就是最差的、最窝囊的，不仅仅会失去位子，而且还失掉了面子和自尊，那简直是奇耻大辱。动物们会议论它一辈子，而它这一辈子也休想抬起头来，这比死更难受。于是谁也不愿接受被淘汰的现实。

在心神不宁、坐卧不安之时，动物小头领们又悟出了一个道理：是否被淘汰，关键在于投票打分，得分多者自然会安然无事，得分少者自然被淘汰。于是，动物王国中兴起了或明里或暗里的拉票之风。狐狸把它多年偷来的鸡，一下子宰了上百只，摆了个百鸡宴，它把所有认识的动物全请来了，在宴会上，狐狸跪在地上，请求大家关照，投票时多给几分；老鼠趁夜逐家登门拜访，送上自己从地下挖出的宝石，只要求动物们在投票时高抬贵手；孔雀则举行了演唱会，请很多动物免费观看，它动情地跳起了孔雀开屏舞，赢得了大家的喝彩，在谢幕时，孔雀向大家深深地鞠了一躬，说请大家多多关照，自己将终生难忘。

末位淘汰的结果公布了。被淘汰的动物小头领有猎豹、黄牛、猫头鹰。有传闻说，猎豹跑得那么快，好处全叫它占去了，不被淘汰那才怪呢；黄牛只知道干活，不知道表现自己，等着别人投票，哪有那等好事；猫头鹰只知道晚上加班干活，可干了那么多的活，谁看得见呢？

20 世纪意大利伟大的作家卡尔维诺写道："在一个人人都偷窃的国家里，唯一不去偷窃的人就会成为众矢之的，成为被攻击的目标。"因为在白羊群中出现了一只黑羊，这只黑羊就是"另类"，一定会被驱逐出去。

在一个缺乏良好秩序和约束体制的环境里，劣币驱逐良币，稗子战胜水稻的机制，带给整个社会的会是什么？这个问题值得我们深思。

劳伦斯·克莱因 (1920–)

美籍犹太经济学家。以经济学说为基础，根据现实经济中实有数据所作的经验性估计，建立起经济体制的数学模型。1980 年获诺贝尔经济学奖。主要著作有：《宏观经济学与合理行为理论》、《凯恩斯革命》、《美国经济波动》、《经济计量学教科书》、《美国的一个经济计量模型》（与戈德伯格合著）、《经济计量学导论》、《经济计量预测和经济模型导论》等。

为什么有人
能迅速担当起重任？

人大致可以分为两类，多数人天生是懒惰的，他们尽可能逃避工作；多数人都没有雄心大志，不愿负责任，而心甘情愿受别人指使；另一类是能够自己鼓励自己，能克制感情冲动的人，这些人应负起管理的责任。

古代的西方，磨面都是用驴子来转动磨盘，把粮食磨成粉。而驴子生性懒惰，转了几圈就停下不肯动了。为了让驴子一直转下去，主人只好在旁边看着，手持大棒，一旦驴子偷懒，就对它棍棒相加。

驴子被打的次数多了，逐渐具备了抗击打能力。无论主人多么用力，驴子就是纹丝不动。主人灵机一动，把一根鲜嫩的胡萝卜挂在一根杆子

上，把杆子固定在驴子的头上，使胡萝卜始终吊在驴子的眼前，以吸引它不断向前，以期望接近并吃到胡萝卜。

胡萝卜加大棒就是奖赏和惩罚的手段，相当于软硬兼施、威逼利诱；一方面用利益诱惑，一方面又进行威胁，有点不择手段的意味。

美国通用汽车公司设在加利福尼亚州弗里蒙特的汽车装配厂曾由于亏损而关闭。后来，它与日本丰田汽车公司合营组成新联合汽车制造有限公司以后，仅仅 18 个月时间，竟起死回生。原来存在的 5000 件职工不满意事件只剩下 2 件；原来高达 20% 的旷工率下降到 3%；工作和生活问题尚未解决的职工人数由 800 多人减少到 15 人，生产效率提高了一倍。

日本丰田公司施展了什么魔法？答案是管理中用胡萝卜代替了大棒。过去，美国管理人员把工人看成是"愚笨的大猩猩"，从来不能平等地对待他们，而是用大棒，靠发号施令，实行严格的监督。

工人们说："我害怕来上班，因为他们总是那么粗声粗气地怪叫。"

日本的管理人员则不然，他是手拿胡萝卜，以一种与职工平等的姿态出现，鼓励工人参与管理。

新联合有限公司的人事部门总经理威廉对比了美日两国对于"人"的不同观念，他说："日本人的观念是把人作为一个重要的因素，而典型的美国观念则相反，他把工人仅仅看成是机械的延伸。"美国观念其实是把人当做"经济人"。

"经济人"来自古典经济学家亚当·斯密《国富论》中的一段话：

我们每天所需要的食物和饮料，不是出自屠户、酿酒家和面包师的恩惠，而是出于他们自利的打算。我们不说唤起他们利他心的话，而说唤起他们利己心的话；我们不说我们自己需要，而说对他们有好处。

之后，经济学家西尼耳定量地确立了个人经济利益最大化公理，约翰·斯图尔特·穆勒在此基础上总结出"经济人假设"，最后帕累托将"经济人"（Homo Oeconomicus）这个专有名词引入经济学。

"经济人"假设人的行为动机就是为了满足自己的私利，工作是为了得到经济报酬。

"经济人"假设 X 理论的基本观点有：

1. 多数人天生是懒惰的，他们尽可能逃避工作；多数人都没有雄心大志，不愿负责任，而心甘情愿受别人指使。

2. 多数人的个人目标都是与组织的目标相矛盾的，必须用强制、惩罚的办法，才能迫使他们为达到组织目的而工作。

3. 多数人干工作都是为了满足基本的生活需要和安全需要，因此，只有金钱和地位才能鼓励他们努力工作。

早期的经济学家还认识到：人大致可以分为两类，多数人都是符合于上述思想的人；另一类是能够自己鼓励自己，能克制感情冲动的人，这些人应负起管理的责任。

"经济人"假设认为人具有完全的理性，可以做出让自己利益最大化的选择。1978 年的诺贝尔经济学奖得主西蒙修正了这一假设，提出了"有限理性"概念，认为人是介于完全理性与非理性之间的"有限理性"状态。

而今，"经济人"的假设已经过时。可了解它的概念不仅对于公司管理员工有着指导性的作用，对于想迅速成为管理者阶层的员工也有着积极的建设性作用。

詹姆斯·托宾（1918–2002）

詹姆斯·托宾阐述和发展了凯恩斯的系列理论及财政与货币政策的宏观模型。在金融市场及相关的支出决定、就业、产品和价格等方面的分析作出了重要贡献。1981 年获诺贝尔经济学奖。主要著作有：《美国企业准则》（合著）、《国家经济政策》、《经济学论文集：理论和政策》、《计量经济学论文集：消费与经济计量学》等。

为什么有的公司高工资不一定带来高效率？

效率工资指的是企业支付给员工比市场平均水平高得多的工资。这是促使员工努力工作的一种激励与薪酬制度。它的主要作用是吸引和留住优秀的人才。

某公司是一家专门做电信产品的公司。创业初期，一批志同道合的朋友不怕苦、不怕累，从早到晚拼命干。结果几年下来，员工由原来的十几人发展到几百人，经营收入由原来的每月十来万元发展到每月上千万元。企业规模大了，效益提高了，公司总裁却明显感觉到大家的工作积极性越来越低。

总裁为此特意到书店买了一些有关成功企业经营管理方面的书籍来研究。他发现，同行业的排头兵——深圳华为技术有限公司实行的是"高薪"政策。

华为公司声称：高薪是一种企业精神。

在华为工作标志着"高额收入"。只要是本科毕业，年薪起点就在 10 万元，这是招应届大学生毕业的标准（从社会上特招过来的更高），至于工作一两年后达到 20 万元以上是很轻松的事。近两年，内部股改为期权后，新来的员工收入要少一些，但达到年薪 15 万元也不是难事。在华为，年收入在 50 万元以上的以千人计；年收入在 100 万元以上的以百人计；其他人，虽没有年薪 10 万元，绝大多数也不会少于年薪 5 万元。

这位总裁恍然大悟：公司发展了，确实应该考虑提高员工的待遇。一方面是对老员工为公司辛勤工作的回报，另一方面是吸引高素质人才加盟公司的需要。为此，公司重新制定了薪酬制度，大幅度提高了员工的工资，并且对办公环境进行了改善。

高薪的效果立竿见影，公司很快就聚集了一大批有才华有能力的人。大家热情高涨，工作卖力，公司的精神面貌也焕然一新。但这种好势头没有持续多久，不到两个月，大家又慢慢回到懒洋洋、慢腾腾的状态。高工资并没有换来员工工作的高效率，公司领导陷入了困境。那么症结在哪儿呢？

原因就在于该公司未能明确区分效率工资。

效率工资指的是企业支付给员工比市场平均水平高得多的工资。这是促使员工努力工作的一种激励与薪酬制度。它的主要作用是吸引和留住优秀的人才。

理论上，人们对效率工资的确切理解是：效率工资是单位效率上总劳动成本最小处的工资水平，即效率工资保证总劳动成本最低。

效率工资具有可以相对提高员工努力工作、对企业忠诚的个人效用，提高员工偷懒的成本，具有激励和约束的双重作用。采用了效率工资后，员工努力工作的动机增强，而偷懒、欺骗等败德行为的动机则有所降低，企业发生员工败德行为的概率趋于下降，减少相应的监控成本。

作为一种激励机制，效率工资已被我国一些企业，特别是知识企业所采用。在知识企业中，员工的努力程度更加难以控制，员工偷懒、欺骗、泄密等败德行为的风险更大、成本更高，因此，采用效率工资制度有助于解决知识企业监控困难。

效率工资是一种筛选机制，它通过高于市场工资水平的高工资挑选出优秀员工，并将他们留在企业内部。 随着知识在经济增长中的作用日益显著，随着知识、技能和经验越来越成为劳动力市场上的稀缺性资源，随着资本对一般性劳动的替代作用日益提高，资本与知识性劳动间的互补作用日益突出，效率工资在劳动力市场上的这种示意作用越来越明显。

不可忽视的是效率工资具有主观性。效率工资水平的确是具有主观性，员工对企业的认同感如何，员工关系的亲密程度以及对外部失业情况和经济景气状况的判断都影响效率工资水平以及效率工资的实际效用。从这一意义上说，企业是否主动支付员工工资，是否拥有良好的信誉和名声，尤其是在劳动关系上的名声如何及企业文化的建设水平都会影响员工对效率工资的判断，进而影响效率工资的有效性。

乔治·斯蒂格勒（1911–1991）

美国经济学家。在工业结构、市场的作用和公共经济法规的作用与影响方面，作出了创造性重大贡献。1982年获诺贝尔经济学奖。主要著作有：《价格理论》、《经济学史论文集》、《经济学布道家》、《斯蒂格勒自传：一个不接受管制的经济学家》等。

为什么
别人升职比你快？

"马太效应"在社会广泛存在。尤其是经济领域内广泛存在的一个现象：强者恒强，弱者恒弱，或者说，赢家通吃。在激烈的社会竞争中，要想获得成功，最好的方式是让自己"赢在起点"。起点的微小优势经过关键过程的级数放大，就有可能产生更大级别的优势累积。

《圣经》中的《马太福音》中有这样一个故事：

一个人远行前，分别给了自己的三位仆人 5000 塔拉、2000 塔拉、1000 塔拉的银子，然后就独自出国了。

主人回来后，第一个仆人说："主人，您给我的 5000 塔拉银子，我用它做生意，已赚了 5000 塔拉。这是 10000 塔拉。主人，请您务必收下。"

主人很是赞赏他的忠心，并把这 10000 塔拉银子全部赏赐给了他。

第二个仆人报告说："主人，您给我的 2000 塔拉银子，我用它做生意，已赚了 2000 塔拉。"

主人照例把 4000 塔拉银子全部奖励给了他。

第三个仆人报告说："主人，你给我的 1000 塔拉银子，我一直包在手巾里存着，我怕丢失，一直没有拿出来。"

主人命令将第三个仆人的 1000 塔拉银子拿回来赏给第一个仆人，并且说："凡是多的，还要给他，叫他多多益善。凡是少的，就连他所有的也要夺过来。"

"少的，连他所有的也要夺过来"。听起来残酷，实际在生活中类似的例子却随处可见。例如：越好的越容易更好，差的想好起来很难；越强的越容易更强，弱的想强起来更难。有名的人会更有名，无名的人很难成名；朋友多的人更容易交到朋友，朋友少的人更难交到朋友。

1973年，美国科学史研究者默顿用这几句话来概括一种社会心理现象："对已有相当声誉的科学家作出的科学贡献给予的荣誉越来越多，而对那些未出名的科学家则不承认他们的成绩。"默顿将这种社会心理现象命名为"马太效应"。简而言之，所谓马太效应，就是"贫者越贫，富者越富"。有一幅题为"成名以后"的漫画：编辑指着青年作家身旁的满满一纸篓废稿说："这些我们全都发表。"一个人出了名，那么他的研究成果，包括并不成熟的"退稿"、粗制滥造的"废稿"，也会摇身一变，成为"名篇杰作"。

社会学家哈里特·朱克曼所写的《科学界的精英》一书，书里记载了一群名人的自白："我们本来是无名小卒，突然间成了明星。这种遭遇不妨说是一种灾难。我们不习惯这样一种社会生活，弄得我们无法继续自己的研究工作。令人吃惊的献殷勤的节目有条不紊地、毫无保留地迅速演出：贺电、贺信，学生和教授们的致敬，纪念奖状，科学和文学团体中的名誉席位……迫切请求题词……请求会见……编造庸俗的祝酒词，治疗消化不良症，装出一副心满意足的尴尬面孔……"

社会心理学家认为，"马太效应"是个既有消极作用又有积极作用的社会心理现象。其消极作用是：名人与未出名者干出同样的成绩，前者往往受到上级表扬，记者采访，求教者和访问者接踵而至，各种桂冠也一顶接一顶地向他飘来，结果往往使其中一些人因没有清醒的自我认识和没有理智态度而居功自傲，在人生的道路上跌跟头；而后者则无人问津，甚至还会遭受非难和妒忌。其积极作用是：其一，可以防止社会过早地承认那些还不成熟的成果或过早地接受貌似正确的成果；其二，"马太效应"所产生的"荣誉追加"和"荣誉终身"等现象，对无名者有巨大的吸引力，促使无名者去奋斗，而这种奋斗又必须有明显超越名人过去的成果才能获得向往的荣誉。

赵杰（化名）和郑桐（化名）毕业后来到同一家公司工作。赵杰生性活泼、幽默，几句话就能把大家逗得哈哈大笑；郑桐性格沉稳内敛，很少和同事们扎堆，总是默默地做自己的事。很快，赵杰成了老板和同事们的红人，第一年他就被评为优秀员工。开会时，只要赵杰一说话，立即有不少附和，提出的方案也是最先得到通过。几年后的年终大会上，赵杰在台上慷慨激昂地进行副总的就职演讲，郑桐却在台下紧锁眉头。

事实的确如此。职场中如果一名员工前一年被评为优秀员工，第二年仍被评为优秀员工，那么可能以后年年都是优秀员工。而他升职的概率要远远大于非优秀员工。这说明一个人过去种种经验的积累和优秀业绩已经为他的成功奠定了基础，从而为以后的成功创造了更多的机会。正所谓一步领先，步步领先；一步落后，步步落后。

职场中的"马太效应"说明，在激烈的竞争中，永远都只有第一，没有第二，资源只倾向于最优秀的员工；第一名和第二名所拥有的资源一定不同，从而表现出的工作业绩不同，我们只有尽最大努力，成为最优秀的员工，否则就会被淘汰！

"马太效应"在社会中广泛存在。尤其是经济领域内广泛存在的一个现象：强者恒强，弱者恒弱，或者说，赢家通吃。在激烈的社会竞争中，要想获得成功，最好的方式是让自己"赢在起点"。起点的微小优势经过关键过程的级数放大，就有可能产生更大级别的优势累积。

罗拉尔·德布鲁（1921–）

美国经济学家。罗拉尔·德布鲁概括了"帕累托最适度理论"，创立了相关商品的经济与社会均衡的存在定理。1983年获诺贝尔经济学奖。主要著作有：《价值理论：对经济均衡的公理分析》、《竞争性经济的均衡存在》、《有限均衡的经济》、《德布鲁教授的"市场均衡"定理》等。

为什么你未获得高薪和升职的机会？

核心竞争力其实就是不断加强完善自己核心能力的能力。不断地使自己的核心能力得到提高、改善甚至转型。核心竞争力使得自己在竞争中总是先人一步，取得竞争优势！

米开朗琪罗是意大利文艺复兴时期伟大的画家、雕塑家、建筑师、诗人，是文艺复兴时期雕塑艺术最高峰的代表。

米开朗琪罗在修建大理石碑时，和赞助人教皇发生了激烈的争吵。米开朗琪罗扬言要离开罗马。在米开朗琪罗的强硬态度下，罗马教皇不仅没对米开朗琪罗进行任何责罚，反而极力挽留他。因为教皇知道世界上只有一个米开朗琪罗，他是不可替代的。并且一旦米开朗琪罗离开罗马，新的赞助人立刻会找上他，而自己也很难再发现另一个米开朗琪罗。

后来，米开朗琪罗用了四年零五个月的时间完成了著名的西斯廷教堂《创世记》的巨型天顶壁画。

> 我是米开朗基罗，我就是不可替代。

上面这个故事告诉我们：打造自己在工作中的不可替代性是极其重要的。"替代性"一词源于经济学。如果商品的同类实用功能基本雷同，那么其他的生产者就能够生产出可以替代市场上已经存在的产品抢占市场份额。稀缺性，换种说法也可以叫做不可替代性。一种资源越是稀缺，不可替代性就越强。再加上如果这种资源是一种具有实实在在使用价值的东西（而不是荷兰的郁金香泡沫），那么其价格就会越高。

可替代的产品是最具竞争性的产品，而最具竞争性的产品，也就是最具风险的产品；可替代的岗位是最具竞争性的岗位，而最具竞争性的岗位，也就是最具风险的岗位。

一名员工要想在工作中获得高薪和升职的机会，就必须打造自己的不可替代性。而打造自己不可替代性的重要步骤是增强个人的核心竞争力。

核心竞争力其实就是不断加强完善自己核心能力的能力。不断地使自己的核心能力得到提高、改善甚至转型。核心竞争力使得自己在竞争中总是先人一步，取得竞争优势！

例如制作网站的 IT 工作人员，会网站制作的相关软件操作，这个能力就是基本能力。如果使用 Dreamweaver 特别熟练，超出一般人，这就是他在这个行业的核心能力。如果软件从 3.0 升级到 4.0 到 MX，他始终保持自己对升级后的软件的熟练应用能力，超出一般人，那么这种使他不断学习更新知识、始终保持领先的能力就是他从事这一行的核心竞争力。

基本能力和核心能力是相对显性的，通过工作能够很快比较出来。而核心竞争力是相对隐性的，是在背后起作用，它的功用通过核心能力来体现。如果一名员工的个人核心竞争力强，那么此员工就相比他的对手更具竞争优势，即相比之下，在职场中，他比对手更有价值，这些都可以通过个人占有的资源来体现。当然不是指个人占有的财力，而是更深层次的，比如智力资源、智商和情商；或者知识资源，比如工作经验、市场感觉等隐性知识。

由被动竞争转向主动竞争是提高核心竞争力的唯一方法。"不是我不明白，这世界变化快"，我们要在竞争中赢得先机，就必须将适应环境为主的被动的竞争转换为主动的预测环境变化，积极应变，提前采取措施，提高个人核心能力。

怎样提高、改善个人的核心竞争力呢？主动预测，要给自己的职业旅程制造压力，克服惰性，克服工作惯性，主动预测工作的变化，这样才有备无患。

不要借口工作忙，坚持这样一个原则：

花时间去做紧急但不重要的事情；

花精力去想重要但不紧急的事情。

如果一个员工抱怨薪水不够高，抱怨很长时间没有升职，唯一可以合理解释的原因是他还没有提高个人的核心竞争力，没有打造出自己的不可替代性，没有成为公司的核心员工，没有成为行业中的佼佼者，否则桃李不言，下自成蹊。

萧何之所以月下追韩信，刘备之所以三顾茅庐，其原因都在于韩信与诸葛亮已经打造出了个人的核心竞争力，而成为了萧何和刘备心目中的不二人选。

理查德·约翰·斯通（1913—1991）

英国经济学家。国民经济统计之父，在国民账户体系的发展中作出了奠基性贡献，极大地改进了经济实证分析的基础。1984年获诺贝尔经济学奖。主要著作有：《国民收入与支出》、《计量方法在经济学中的应用》、《经济中的财政相互依存，1957—1966年》（与艾·罗合著）、《建立经济和社会模型的若干问题》等。

你是想做"小猪"，
还是想做"大猪"？

职场当中，经常会看到类似的现象：任务完成，论功行赏，总有一些员工不劳而获，就像故事中的小猪，而另外有些人却费力不讨好，就像故事中的大猪。

某大学面向外界公开招聘两位教授：经济学和会计学。经过层层选拔，最终 A 教授和 B 教授凭借学历、资历脱颖而出。

会计学教授的工资是 6 000 元／月，而经济学教授的工资是 5 000 元／月。A、B 两教授具有相同的学历背景——会计学硕士，同时又都有经济学的教学经验，A 教授的会计学教学经验优于 B 教授。

依一般人的想法，A 教授理所当然地会获得会计学教授职位。殊不知现实并非如此。

因为 B 教授知道市场行情，且知道目前不可能有新的竞争者加入。因此，在与教务主任谈判时，极力否认有经济学的教学经验，甚至说如让他去讲授经济学会误人子弟，与其这样，自己宁可不要这份工作。

而 A 教授为了证明自己的能力，一开始就和盘托出，甚至大谈特谈自己的经济学教学经验。事情到此为止，每个人都看出了门道，学校不可能重新招聘，而两个教授也都不可能随便丢掉到手的美差。最终的结果就是 B 教授获得了会计学的教授职位，而 A 教授只好退而求其次，教授经济学。

上面的故事完全可以用"智猪博弈"来解释。

笼子里面有两只猪，一大一小。笼子很长，一头有一个踏板，另一头是饲料的出口和食槽。每踩一下踏板，在远离踏板的猪圈的另一边的投食口就会落下少量的食物。如果有一只猪去踩踏板，另一只猪就有机会抢先吃到另一边落下的食物。当小猪踩动踏板时，大猪会在小猪跑到食槽之前刚好吃光所有的食物；若是大猪踩动了踏板，则还有机会在小猪吃完落下的食物之前跑到食槽，争吃到另一半残羹。

如果定量地来看，踩一下踏板，将有相当于 10 个单位的猪食落进食槽，但是踩完踏板之后跑到食槽所需要付出的"劳动"，要消耗相当于 2 个单位的猪食。

如果两只猪同时踩踏板，再一起跑到食槽吃食，大猪吃到 7 个单位，小猪吃到 3 个单位，减去劳动耗费各自 2 个单位，大猪净得益 5 个单位，小猪净得益 1 个单位。

如果大猪踩踏板，小猪等着先吃，大猪再赶过去吃，大猪吃到 6 个单位，去掉劳动耗费 2 个单位净得 4 个单位，小猪也吃到 4 个单位。

如果小猪踩踏板，大猪等着先吃，大猪吃到 9 个单位，小猪吃到 1 个单位，再减去劳动耗费，小猪是净亏损 1 个单位。

如果大家都等待，结果是谁都吃不到。可以得出结论，唯一的方案是大猪踩踏板，小猪等待。

那么，两只猪各会采取什么策略？答案是：小猪将选择"搭便车"

策略，也就是舒舒服服地等在食槽边；而大猪则为一点残羹不知疲倦地奔波于踏板和食槽之间。

因为，小猪踩踏板将一无所获，不踩踏板反而能吃上食物。对小猪而言，无论大猪是否踩动踏板，不踩踏板总是好的选择。反观大猪，已明知小猪是不会去踩动踏板的，自己亲自去踩踏板总比不踩强吧，所以只好亲力亲为了。

"智猪博弈"的结论是：在一个双方公平、公正、合理和共享竞争环境中，有时占优势的一方最终得到的结果却有悖于他的初始理性。

职场当中，经常会看到类似的现象：任务完成，论功行赏，总有一些员工不劳而获，就像故事中的小猪，而另外有些人却费力不讨好，就像故事中的大猪。

作为公司的管理层，要加强民主，让每一位员工都有合适的途径表达自己的观点，从而避免"智猪博弈"的出现。

弗兰科·莫迪利安尼（1918–）

意大利经济学家。第一个提出储蓄的生命周期假设。这一假设在研究家庭和企业储蓄中得到了广泛应用。1985 年获诺贝尔经济学奖。主要著作有：《国民收入和国际贸易》《计划生产、存货和劳动力》、《通货膨胀条件为稳定住宅建设而采取的新的抵押设计》等。

刘备为什么三顾茅庐？

从生产要素分析，人才从一般劳动力中区分出来后，与土地、资本和技术等一起，仍旧是要素之一。随着经济的发展和科技的进步，人才这个要素在生产力和经济活动中的作用和位置不断得以提升。

东汉末年，天下大乱，群雄并起。汉宗室豫州牧刘备听徐庶和司马徽说起诸葛亮与庞统为"卧龙"与"凤雏"，得一可安天下。

一天，刘备带着关羽、张飞到隆中（今湖北襄阳西）卧龙岗去请诸葛亮出山。不料诸葛亮有事外出，刘备只得失望而归。漫天飘雪，滴水成冰，刘备和关羽、张飞再次去请诸葛亮出山，结果诸葛亮仍然外出未归，刘备又一次失望而归。刘备带着关羽、张飞第三次去请诸葛亮出山时，诸葛亮正在睡觉。刘备一直站到诸葛亮醒来，才坐下和诸葛亮谈话。

诸葛亮被刘备的三顾茅庐而感动，于是出山辅佐刘备建立蜀汉，形成三国鼎立的政治格局。

刘备为什么"三顾茅庐"请诸葛亮出山呢？这还要从人才的概念谈起。

人才不仅是经济范畴的事，还有其社会性、文化性和政治性。从经济学的视野来观察人才，或许有助于对人才的决策选择。

首先，作为劳动者，人才是其中的一部分，但人才不同于一般劳动者。人才具有特殊的、专门的高质量、高素养和高能量，在劳动力这个总体内居于较高或最高层次。在为数众多的劳动力群体中，人才有其特殊性能，总是脱颖而出。

其次，在经济领域尤其是过去崇尚的生产力领域，人才又是什么？从生产要素分析，人才从一般劳动力中区分出来后，与土地、资本和技术等一起，仍旧是要素之一。随着经济的发展和科技的进步，人才这个要素在生产力和经济活动中的作用和位置不断得以提升。作为科学和技术（广义的包括管理）的载体和所有者，当科技被认定为第一生产力后，人才也是第一生产力。先进生产力，主要表现为先进的科技成果，这离不开人才的创新劳动。

第三，人才作为生产要素，同样有其商品性。从供求的角度分析：人才是在市场需求前提下的产物，由需求导致供给。但人才不同于其他要素。其他要素在经济发展和科技进步后，都能达到供求先是平衡、后是供大于求（甚至如土地这样的基本上不可再生的资源，在先进科技提高土地生产率后，也不例外）。但是人才、只有人才，作为先进科技的开发者，精益求精，永远供不应求，是不折不扣的稀缺资源，始终处于卖方市场。

第四，人才既是商品又是稀缺资源，与其他商品化的要素同样属于交易对象的范畴。人才在供求驱动下，要交易，或者说必须流动，才能实现其人才功能。在计划经济体制下，对包括人才在内的劳动力进行指令性分配，基本上排斥流动，由于信息不对称，难免以产定销、产销脱节，人才不可能充分发挥作用，难以实现其价值。只有在市场经济体制下，人才通过自由流动，即供求双方的自由选择，才能得到优化配置。所谓"人尽其才"、"各得其所"，无非是对人才流动这种特殊商品的自由交易的结果。

第五，人才同样具有价格。人才既然是要素和商品，自然有价。这种价格也决定于供求，而在供不应求的情况下，人才价格的总趋势是高走即高价并且高涨。科技成果卖高价达千百万元，是人才价格的转化，也归人才所有。这使人才本身的定价发生困惑，任何高薪都难以具体核算其所值。尺度在于实际效益，但在未实现前有不确定性。于是，要采取其他方式如技术入股特别是期权，把报酬与效益挂钩于其结果，使买卖双方都不吃亏，防止了市场风险。

第六，讲效益，对应于成本，人才也有成本问题。当代劳动力，也要受教育，也要有投入，并由国家、社会和家庭分担。人才却不同，虽然要有高学历（那是为了获得较高层次的基本知识，只是起点），但是其投入产出比例不寻常，是非线性的。这个成本与人才价格的市场形成相关，反映为对人才的激励机制和报酬方式。在多数场合，对人才的"雇佣"，都是高成本、高效益，并有较高风险，否则，就会发生"跳槽"。

第七，在加入 WTO 后，人才市场与国际融合，会带来什么效应？人才与其他商品和要素一样，在国内区域市场、统一市场被经济全球化、全球一体化（也不排除多极化）打破后，市场范围走向无限，流动性更自由、更广泛，对各国、各集团、各地区和各企业都提供着越来越平等的机遇同时也是挑战。同时，面对众多竞争对手，国内的、国有的人才，其流失空间扩大了。这在表面上是公平的，而在实际上，由于国家有发达和发展中之分，企业有强、弱之别，这又不是真正平等的。

最后，在上述情况下，各地区、各企业怎样留住人才、延揽人才？构建人才高地，绝不是简单的事。这在优势地区、优势企业和弱势地区、弱势企业，情况不同，对策各异。总的说来，对人才的吸引力，一是激励档次不能不高，二是发展环境一定要好。在优势地区和企业，有其先发效应，出得起高价；而在弱势地区和企业，同样有其后发效应。特别是在人才蜂拥到先进地区和企业后，会形成有限的买方市场，这为后进地区和企业提供了另一种机遇。特别是在各地区和各企业发展自己的特色经济后，就有可能出奇制胜，为更多的人才创造更好的用武之地。

詹姆斯·麦吉尔·布坎南〔1919－〕

美国经济学家。将政治决策的分析同经济理论结合起来，使经济分析扩大和应用到社会。1986 年获诺贝尔经济学奖。主要著作有：《价格、收入与公共政策》（与艾伦·克拉克·李等人合著）、《个人投票选择和市场》、《公债的公共原则》（1958 年）、《财政理论和政治经济学》、《自由、市场和国家：80年代的政治经济学》等。

跳槽者，
你准备好了吗？

跳槽者可能要承受"待业"期间因无经济收入而带来的心理压力和竞争压力，除非你对自己跳槽后的去向有较大把握，否则不妨在跳槽之前，多问问自己：有没有必要跳槽？跳槽后会不会发展更好？综合（不只是薪金本身）测算一下"跳"的成本，听听亲朋好友的意见，三思而后行。

嫦娥和玉兔在广寒宫里优雅地散步。

嫦娥对玉兔说："都几千年了，我们跳吧！"

玉兔说："好，我们跳。"

玉兔先于嫦娥跳下了凡间，嫦娥衣袂飘飘地紧随其后。

画面切换：一群土著居民正围在一起烧烤。

玉兔跳进了一个土著居民的怀里："啊，是兔子！"（画外音：正好可以吃烧烤了。兔子啊！这兔子估计活不成了。）

接着，嫦娥也跳了下来，刚好跳在烧烤的架子上，摔得灰头土脸的，狼狈不堪，什么形象都没有了！（画外音：一群如饥似渴的土著人，看见一个美若天仙的女人，结果会是怎么样？）

广告语：跳槽一定要看准了再跳，好工作请上智联招聘！

没准备好就跳槽，结果弄得自己灰头土脸，我们身边的例子比比皆是。

张先生本是一家保险公司的市场部经理，在公司工作已有 10 个年头，有着丰富的管理经验，同时，与同事关系也非常融洽。一年前，一家国际金融集团进入中国，通过猎头公司辗转找到张先生，邀请其前往担任公司市场总监。对方开出的年薪是 15 万元，高于现在的年薪 10 万

元，年终考核合格则另有 5 万元分红，同时还承诺了一定的期权。

张先生立刻和妻子讲了自己要换工作的事情，也和一些朋友讨论了这个话题，最后他决定到新公司工作。

张先生去新公司报到后，公司安排其去法国总部接受了为期三个月的培训，价值 10 万元，并签订了为期 2 年的服务期协议。培训结束后，张先生在新公司工作了半年，但总感觉新公司的企业文化与自身的价值观格格不入，而且公司内很多岗位的人员一直空缺，不少琐碎的事情都要张先生亲力亲为，各种福利待遇也并不完善。为此张先生非常苦恼，考虑再三后还是决定回原来的公司。但原公司市场部经理职位已有人替代，因此只能担任市场部副经理。

对于跳槽者而言，跳槽所产生的成本分为显性成本和隐性成本。显

性成本，顾名思义，就是可以明确预见的成本。以张先生为例，其成本为：原单位的奖金损失 20 000 元；年内的各项福利损失约 15 000 元；对新工作有针对性的"充电"费用 8 000 元；在新单位两年的服务期未满，单方面提出解除劳动合同，须支付一大笔违约金 75 000 元（100 000 元 ÷ 24 个月 × 18 个月），张先生此次跳槽的显性成本总共 118 000 元。

隐性成本则是许多跳槽者不容易发现的。比如说，新公司离家较远，就可能会租住离公司较近的房子或购置车辆等交通工具；新公司对着装严格的，就需添置新的工作装；初到新公司，对人员不熟悉，要与新同事搞好关系需要花费人际交往费；接触新的工作，对各种规定不熟悉，加班加点到深夜以便跟上同事的步伐等，这些都是需要花大量时间、精力、金钱的。因此跳槽也许在工资上能够带来进一步的提高，但是由于不断更换环境而有着更大的花费，以张先生为例，此次跳槽所花费的隐性成本就将近 20 000 元。

张先生此次跳槽，表面看是很风光，工资比原先高出 50%，但实际上综合所有的跳槽成本后，实际却损失了 100 500 元（新公司工作 9 个月收入 112 500 元；如在原公司工作 9 个月收入 75 000 元；跳槽的显性以及隐性成本 138 000 元）。

另外，跳槽者可能要承受"待业"期间因无经济收入而带来的心理压力和竞争压力，除非你对自己跳槽后的去向有较大把握，否则不妨在跳槽之前，多问问自己：有没有必要跳槽？跳槽后会不会发展更好？综合（不只是薪金本身）测算一下"跳"的成本，听听亲朋好友的意见，三思而后行。千万不要意气用事，更不要这山望着那山高，否则到头来只会越跳越糟。

罗伯特·索洛（1924–）

　　美国经济学家。他提出长期的经济增长主要依靠技术进步，而不是依靠资本和劳动力的投入。1987 年获诺贝尔经济学奖。

第4章

消费中的经济奥秘

面对服务员的刁难，"上帝"为何哑口无言？

为什么有时东西越贵越好卖？

沃尔玛为什么5元进货3元卖？

为什么钻石的价格高于普通石头？

为什么机票价格会因人而异？

猪肉价格为何疯涨？白菜价格为何狂跌？

为什么小客户也忽视不得？

面对服务员的刁难，
"上帝"为何哑口无言？

> 垄断（Monopoly）一般指唯一的卖者在一个或多个市场，通过一个或多个阶段，面对竞争性的消费者——与买者垄断（Monopsony）刚好相反。垄断者在市场上，能够随意调节价格与产量（不能同时调节）。

网络上流传着一个经典的笑话。

某电信部门的领导回到当年插队的地方去看望老朋友，中途车抛锚了，见天色已黑，于是住进了镇里的一家招待所。经过一路的颠簸，领导浑身是汗，便想洗个热水澡。可招待所条件有限，并且只有一个公用的澡堂。

领导来到澡堂门口被一名服务员拦住："里面没有喷头，请您交 5 元的初装费，我们将会为您安装一只喷头。"

领导一愣，心想这招待所怎么宰人啊！但碍于身份，领导没有发作。他交了钱刚想进去却又被服务员拦住："先生，对不起，为了便于管理，我们的每只喷头都有编号，请您先交纳10元的选号费，选好的号码只供您一人使用。"

领导有些生气，但还是交了钱选了"8"号。

服务员又说："您选的是个吉祥号码，按规定您还得交8元的特别号码附加费。"

"见鬼！"领导压了压火，说，"那我改成4号。4号也不是什么吉祥号码，总用不着交什么特别号码附加费了吧？"

服务员说："4号是普通号码，当然不用交特别号码附加费，不过您得交5元的改号费。"

领导无奈地摇摇头，心想当年这里的民风是何等的淳朴，没想到如今为了赚钱竟如此巧立名目，真是世风日下啊！领导交了钱后理直气壮地问："这回我可以进去洗澡了吧？"

服务员笑着说："当然可以，您请。"

领导踱着方步往里走。服务员突然又补充说："对不起，我还得告诉您：由于4号喷头仅供您一人使用，所以不管您是否来洗澡，您每月还要交纳7元5角的月租费。此外您每次洗澡要按每30分钟6元的价格交费。"

"另外，每月交费的时间是20日之前，如果您逾期未交，还要交纳一定的滞纳金……"

"够了，够了，我不洗了！"领导气急败坏，扭头就想走。服务员便问："您真的不洗了吗？

领导声色俱厉地说："对！我永远也不在你们这里洗澡了！"

服务员微笑道："如果您不再使用4号喷头了，那您还得交9元8角的销号费。只有这样，您以后才能再也不用向我们交纳任何费用了。"

领导大怒，和服务员大吵了起来。不一会儿，招待所的经理闻声赶来。领导一见经理来了，便高声嚷着要投诉。

经理了解了事情的经过后，笑着对该领导说："先生，对不起，也许您还不知道，洗浴业在我们这里是垄断经营，还好你没有泡池子，不然还要收你的'漫游'费呢!"

领导哑口无言。

这个笑话非常典型地反映了垄断的某些特点。垄断（Monopoly）一般指唯一的卖者在一个或多个市场，通过一个或多个阶段，面对竞争性的消费者——与买者垄断（Monoploy）刚好相反。垄断者在市场上，能够随意调节价格与产量（不能同时调节）。

在我国，对关系国家安全的军工行业，或关系国计民生领域的烟草行业等，除国营外，国家禁止任何形式的企业进入。另外一些行业由于资源稀缺性和规模经济效益、范围经济效益等原因，国家允许由一家或极少数几家企业提供单一物品和服务的状况，如石油、石化等矿产资源行业，自来水、公共交通、居民用电、煤气供应等行业。

最近"电厂抄表工年薪高达10万元"的风波未停，全国各地电价跟着"涨"声一片；接着传来"80%以上的新增利润集中在石油、电力、煤炭、有色金属等行业"的消息。它们似乎都深刻地打着垄断的烙印，拖着垄断的尾巴。

目前，"央企2008年起向政府上缴红利，先从电信等垄断行业开始"的新闻标题频频出现在各大媒体中。

针对垄断行业工资、奖金、福利偏高的问题，国务院在中国政府网上发布《关于试行国有资本经营预算的意见》，这表明国有资本经营预算制度将正式开始试行，从2008年起，长达十余年的央企不向政府分红的历史宣告结束。

莫里斯·阿莱斯（1911–）

法国经济学家。他在市场理论及资源有效利用方面作出了开创性贡献。对一般均衡理论重新作了系统阐述。1988年获诺贝尔经济学奖。主要著作有：《市场规律研究》、《经济与利息》、《资本税与货币改革》、《资本在经济发展中的作用》等。

为什么
有时东西越贵越好卖？

在信息不对称的情况下，中国消费者会首先通过产品价格来
判断产品品质的好坏、品位的高低、时尚程度的大小，价格
高，就会被认为是有档次、品质好。

　　孙雷和晓雪为结婚分期付款买了一套房子。房子到手后，他们决定买一台电视机。到了商场后，他们发现同样 29 英寸的电视机，价格差距很大，便宜的才一千多元，进口名牌则标价一万多元。

　　令他们疑惑不解的是标价一万多元的电视机柜台前人头攒动，而标价一千多元的电视机柜台前却鲜有人问津。他们只好打电话向卖家电的朋友请教。朋友一听大笑说："其实产品质量差别并不是特别大，用的都是进口显像管。"

　　目前的中国，东西越贵越好卖的现象屡见不鲜。1000 元一条的香烟，8888 元的年夜饭，1000 万一辆的汽车，都卖得特别好，甚至出现了供不应求的大好局面。想买还要提前一个月预订，还有需要提前半年预订的，这都不算什么，最过分的是，即便是提前预订了也不能保证一定能买到现货。

　　一位业内人士如是说："什么是高端产品，怎样成为高端产品，最重要的是看价格，你的价格贵，你就是高端产品，蒙牛特仑苏牛奶之所以这么成功，最关键的因素是产品价格策略，它贵啊，它是中国最贵的牛奶，消费者就会认为最贵的牛奶一定是品质最好的牛奶，品质最好的牛奶才是最有营养的，送人才最有面子。"

在信息不对称的情况下，中国消费者会首先通过产品价格来判断产品的品质的好坏、品位的高低、时尚程度的大小，价格高，就会被认为是有档次、品质好。"一分钱一分货"的传统说法，也在全中国消费者中无限流传，无意中加大了消费者对价格"迷信"的程度。

中国人自古以来就有"好面子，爱显摆"的传统，一旦富裕起来，一定会通过物质消费来让人们知道自己的威风和高贵。当大家都开始富裕起来时，更富裕的中国人开始觉得自己没面子了，需要购买更贵的产品和服务来区别于普通的富裕大众。所以，看似贵得离谱的东西，依然会卖得出奇地好，因为我们中国有太多富得离谱的、又好面子的富翁。

中国大量的中等收入阶层消费者对大众市场所提供的产品和服务越来越不满意，并开始寻求能够满足技术、功能和情感托付的产品和服务，即开始趋优消费。

趋优消费是指以更高的价格购买更好的产品和服务。目前，趋优消费已成为中国市场上一种爆炸式蔓延的现象。中国各地相当一部分的消费者都愿意，甚至是渴望以高价购买优质的产品，但这种产品或服务的价格并不是高不可攀的，在同类产品或服务中它具有更好的品质、更独特的品位和更高的期望值。

特里夫·哈维默（1911–）

挪威经济学家。他建立了现代经济计量学的基础性指导原则，在经济计量学领域作出了重要贡献。1989 年获得诺贝尔经济学奖。主要著作有：《经济计量学的概率方法》、《经济增长理论研究》。

沃尔玛为什么 5 元进货 3 元卖？

超市中不可能所有的商品都如此打折销售，只有部分商品如此打折。沃尔玛的商品是轮流打折——今天橘子、橙子等水果，明天烟酒，后天衣物……而不打折的商品和其他超市的价格并无区别。

经济学家厉以宁曾经讲过一个故事：

两个人到郊外旅游，忽然听到老虎的咆哮声。情急之中，一个人赶快从背包里把运动鞋取了出来，换成运动鞋想跑。

另一个人问："野兽跑得比人快，你换运动鞋有什么用？"

换鞋的人答道："我不需要比老虎跑得快，我只要跑得比你快就行了。"说完一溜烟跑了。这是一个比较优势，穿运动鞋的和没穿运动鞋的相比较有优势，这时，另一个人不慌不忙地把鞋脱了，爬到了树上。

结果，老虎不会爬树，就往前追穿运动鞋的人，他跑得再快还是跑不过老虎，结果被老虎吃掉了。这就是持续优势的比较，持续优势能一直保持就能赢得最后的胜利。

在众多知名的连锁超市中，人们对于沃尔玛低廉的价格和优越的品质

肯定有着深刻的印象。

沃尔玛成功的经营秘诀何在？便宜！员工们会热情地介绍：沃尔玛5元进货的商品3元出售。5元进货3元卖，这是沃尔玛的"天天平价"。"天天平价"正是沃尔玛的持续优势。

沃尔玛公司由美国零售业的传奇人物山姆·沃尔顿先生于1962年在阿肯色州创立。经过四十多年的发展，沃尔玛公司已经成为美国最大的私人雇主和世界上最大的连锁零售企业。目前，沃尔玛在全球开设了6 600多家分店，员工总数180多万人，分布在全球14个国家。每周光临沃尔玛的顾客有1.75亿人次。沃尔玛（WAL-MART）成为全球五百强榜首企业。

沃尔玛提出"帮顾客节省每一分钱"的宗旨，实现了价格最便宜的承诺。沃尔玛还向顾客提供了超一流的服务。公司一贯坚持"服务胜人一筹，员工与众不同"的原则。走进沃尔玛，顾客便可以亲身感受到宾至如归的周到服务。再次，沃尔玛推行"一站式"购物新概念。顾客可以在最短的时间内以最快的速度购齐所有需要的商品，正是这种快捷便利的购物方式吸引了现代消费者。

然而，"天下熙熙，皆为利来；天下攘攘，皆为利往。"古往今来，赢利是经商的重要衡量标准。如果沃尔玛果真如此，沃尔玛肯定会早早地关门大吉。

实际上，超市中不可能所有的商品都如此打折销售，只有部分商品如此打折。沃尔玛的商品是轮流打折——今天橘子、橙子等水果，明天烟酒，后天衣物……而不打折的商品和其他超市的价格并无区别。

对于消费者来说，如果他正想购买某种商品，知道沃尔玛这种商品会打折，自然会选择去沃尔玛。去超市是需要花费时间和打车、坐公交车等成本的。对于花费时间和金钱的顾客，理性的选择肯定是不会只购买打折商品，必定在闲逛的过程中购买一些不打折的商品。对于不知道当天打折商品的顾客呢？对于他们来说，反正知道沃尔玛肯定有打折的商品，而别的超市没有打折商品，为何不去沃尔玛看个究竟呢？

对于供货商来说，沃尔玛的"天天平价"使得商品的平均单价降低了，可由于"天天平价"吸引了大批的消费者，因此销售额大大增加，利润自然也会水涨船高。

难道其他超市不会打折吗？现如今，各家连锁超市已经打起价格促销战。如此说来，沃尔玛怎么会像滚雪球似的越滚越大，成为世界第一知名连锁超市呢？

"天天平价"是以低廉的成本和优质的服务作为支撑的。最大限度地降低成本是沃尔玛成为五百强企业的秘诀之一。

沃尔玛主要通过以下措施来降低成本：

首先，实施仓储式经营管理。沃尔玛超市装修简洁，商品多采用大包装。

其次，节省经营成本。一是店址选择交通便利但会避开租金昂贵的商业繁华地带；二是减少广告费用，沃尔玛认为"天天平价"就是最好的广告，用节省下来的广告费推销低价的商品来回报顾客。

第三，与供应商密切合作。通过电脑联网，实现信息共享，供应商可以在第一时间了解沃尔玛的销售和库存情况。

第四，有强大的配送中心和通讯设备作为技术支撑。沃尔玛有全美最大的私人卫星通讯设备和最大的私人运输车队，所有分店的电脑都与总部相连，一半分店在发出订单28小时内可以收到配发中心送来的商品。

最后严格控制管理费用。沃尔玛对行政费用的支出控制得非常严格，如规定采购费不得超过采购金额的1%，整个公司管理费为销售额的2%，而行业平均水平为5%。

默顿·米勒（1923-2000）

美国经济学家。他在公司财务理论研究领域贡献卓著。1990年获诺贝尔经济学奖。主要著作有：《经济学术语文选》、《审计、管理策略与会计教育》、《金融理论》、《宏观经济学：新古典主义入门》、《应用价格理论文选》等。

为什么
钻石的价格高于普通石头？

稀缺性对商品价格的影响最直接，它与商品的背景、形成过程和"有用程度"无关，市场供需是它赖以存在的土壤，在市场经济条件下它是决定商品价格的主导因素。

有时候人们会产生这样的疑问：钻石寒不能衣，饥不能食，而石头是人类生活和城市发展不可或缺的资源，单就实用价值来说石头也应该高于钻石，可为什么钻石与普通石头的售价有着云泥之别呢？

出现这种疑问的原因是我们弄混了几个概念。价值学说里的价值指的是凝聚在商品中的一般社会劳动，它是价格的基础，但它不是价格本身，市场会出现价值与价格相背离的现象；价值学说里的价值也并非我们通常所理解的"有用性"或"有用程度"，"有用程度"会影响商品价格，但它不是影响商品价格的唯一要素和必要要素；相比之下稀缺性对商品价格的影响最直接，它与商品的背景、形成过程和"有用程度"无关，市场供需是它赖以存在的土壤，在市场经济条件下它是决定商品价格的主导因素。

市场不是纯机械的。人们在主观意识方面存在的价值概念和"有用程度"等也会对商品价格产生影响，但是这些因素在市场经济条件下对商品价格的影响处于从属地位，不具有主导性。

用钻石和石头比还不足以充分揭示市场经济条件下商品价格的内在构成，近两年一种叫"增城挂绿"的一颗荔枝，就可以拍卖几十万元，而且越拍越高，类似这样的典型事例更能说明稀缺性对商品价格的影响。

有句广告词说得好：钻石恒久远，一颗永流传。这句广告语的英文原版其实要平淡得多——"A Diamond Is Forever。"

然而，为什么石头在人类历史上发展那么多年，却卖不出好价钱，而钻石仅在近几百年的时间内，其价值就令人望尘莫及了？

钻石真的"恒久远"吗？在回答这个问题之前先看一个广告的案例。

英国的一个沙发广告，由于电视中的沙发和人的比例不协调，显得沙发比真实中的尺寸大，结果被广告审查委员会认为是"误导消费者"而被停播了。

从严格的广告审查角度考虑，"钻石恒久远"这句话似乎也有误导的嫌疑。套用周星驰的句式，钻石其实只是一种石头。和黄金等贵重金属的储值特性不一样，钻石的密度和强度都要打一个问号的。钻石可以被压碎，钻石会退色，当然，钻石在大火高温中还会消失。一句话，钻石并不"恒久远"。

如果钻石并不是真的可以永远保存的东西，为什么钻石还这么贵？要结婚的新人，经常会花费几千元甚至几万元，只买个戒指上的一个小点点。必须要承认，钻石的玻璃般的特性，满足了人们喜欢"眩目"的心理。不过，如果仅仅是为了眩目，钻石也不至于卖得比人工水晶贵万倍。

很多人认为，从经济学的供需关系来讲，钻石的高价恐怕还是要归结到钻石的稀缺上来。虽然"恒久性"不如黄金牢靠，但是钻石比黄金还要难得，价格自然也就居高不下了。

有资料证明，人类挖掘石头的历史远比挖掘钻石要早。直到19世纪末期，钻石还只是在印度的一些河床和巴西森林里被发现。当时整个世界的钻石年产量可能要以斤论。要说钻石的稀缺性，这的确是最早的证明。可是，南非改变了钻石的历史。

1870年，在南非的 Orange river 附近，人们发现了超大型的钻石矿脉。英国殖民者很快就意识到，钻石的产量如果迅猛增加，他们的钻石生意就岌岌可危了，这种石头至多和翡翠一样，算是一种比较稀罕的玩意儿。马克思说过，垄断资本主义是高额利润的保障。1888年，一个大名鼎鼎的、令当今无数小姑娘倾倒的名字诞生了——De Beers。当然，那时戴比尔斯的品牌效应远没有今天大，这个品牌不过是南非一个挖钻石的公司的名字而已：戴比尔斯联合矿业有限公司——这个"联合"的矿业公司垄断了南非的钻石生产。

如果你认为这个垄断企业控制了产量，从而控制了钻石的高价，那我们的故事就到此为止了。不过，更精彩的故事才刚刚开篇，还是耐着性子再往下看吧。

某男士风度翩翩，为向某女士表达爱慕之情，从兜里掏出一个大钻石戒指，跪下求婚。某女士惊喜感动之余，接过钻石，答应求婚。以现在观点来看，这个场景似乎很俗套了。这个"仪式"其实是一个商业"发明"，并未被大多数人所认识到。

80 年前的欧洲，结婚送个订婚戒指那是司空见惯的。可是，送个钻石戒指，却远远不是风俗。即使在时尚的英国和法国，钻石虽然稀罕，也只不过是贵族阶级珠宝首饰盒子里的一款而已，送钻戒订婚的风俗也不存在。更有意思的是，由于 1929 年至 1933 年的经济大萧条，钻石的消费量和价格在欧洲都下降得很厉害，加上德国希特勒的战争机器即将发动，大家对消费这个首饰似乎不大感兴趣。这对戴比尔斯联合矿业公司的钻石生意影响极大。

1938 年，29 岁的哈里·奥本海默从南非的约翰内斯堡来到了美国的纽约。他是戴比尔斯联合矿业公司创始人的儿子，此行的目的是会见美国一家广告公司的老板奇罗得·劳克。摩根银行是这两位商业巨子的牵线人，这家银行曾负责戴比尔斯联合矿业公司组建的资本运作。现在哈里·奥本海默担忧钻石价格下滑，这家银行自然有义务为老东家提供一些帮助。

第二次世界大战前的美国和欧洲比起来，经济正在复苏，人心思富，歌舞升平。对戴比尔斯的钻石业务来说，这无疑是个更值得开拓的市场。可是，尽管美国消费了戴比尔斯七成左右的钻石，但和欧洲人首饰盒里的又大又贵重的钻石比起来，美国人买的基本上都是小块头的、成色比较差的钻石。对哈里·奥本海默来说，他希望这次会见广告界精英能为美国市场提高消费水平带来些创意。

精明的奇罗得·劳克很快和哈里·奥本海默达成了独家代理协议。奇罗得·劳克很快开展了市场调研，结果发现，美国的钻石消费之所以集中在低端市场，主要是由于奢侈品竞争过于激烈，大量的奢侈品消费者并不青睐钻石。奇罗得·劳克提出来，为了让美国人消费更大更贵的钻石，必须让美国人对钻石的态度发生改变。和一般消费品不同，奇罗得·劳克认为，钻石和浪漫之间模糊的关系必须得到强化。"（向男士）灌输这个思想是极其重要的，钻石是爱情的信物，钻石越大成色越好，爱情的表达就越浓烈。类似地，必须鼓励年轻女性把钻石看成是浪漫情事里不可或缺的一部分。" 这个创意，成就了钻石消费史上的奇迹。

一场现代意义上的广告公关开始了。20 世纪 30 年代日益流行的电影，成了奇罗得·劳克的公司关注的第一焦点。电影明星第一次"有预谋地"和钻石结缘，她们戴上了戴比尔斯的钻石，这开始深化美国电影观众的钻石消费心理。此外，设计上的名流故事和照片被投向杂志和报纸。在这些策划好的故事里，名流们向爱慕的对象赠送大块钻石的细节会被突出强化，照片也往往聚焦于女士们手指上那块又大又亮的石头。更经典的是，尊贵的英国皇室也被策划和钻石结缘。在伊丽莎白女王到访南非的报道里，她接受奥本海默赠送的钻石的行程被广泛报道。

1941 年，也就是哈里·奥本海默会见奇罗得·劳克三年以后，美国的钻石消费上升了 55%，扭转了之前销售下滑的局面。作为现代广告史上的经典案例，奇罗得·劳克的战略报告里正式把大众心理作为市场营销的方向，这在现代广告史上是具有划时代意义的事件。这个钻石和浪漫的故事高潮，就是广告语 "A Diamond Is Forever" 的提出，钻石和永不变节的爱情结下了牢不可破的同盟关系，其价值与石头，自然不可同日而语。

哈里·马科维茨〔1927 年 – ?〕

　　美国经济学家。他的研究在今天被认为是金融经济学理论前驱工作，被誉为"华尔街的第一次革命"。他在金融经济学领域作出了重要贡献。1990 年获诺贝尔经济学奖。主要著作有：《资产选择：投资的有效分散化》、《逆偏差》、《资产选择与资本市场中的均值——方差分析》等。

为什么机票
价格会因人而异？

"价格歧视"也叫差别定价，是指企业为了获得更大的利润，把同一产品按购买者不同而规定的不同价格，一部分购买者所支付的价格高于另一部分购买者所支付的价格。

雷看中了一件漂亮的女士风衣，标价 1 800 元。雷心想后天就是妻子敏的生日了，不如买下来作为生日礼物送给她。其实，雷看到风衣价格在 2 000 元以内就比较合理，但是换作敏，可能觉得 1 500 元的价格才算合理。风衣的实际标价为 1 800 元，雷购买时，可能会觉得比自己想象的还要便宜 200 元，但是以敏的眼光来看，则会认为风衣价格已经远远超过了合理价格，所以断然不会轻易购买。这也就是为什么丈夫买回去的东西经常遭到妻子埋怨。所以，如果想为妻子买到中意的礼物，不妨试着买妻子所不熟悉的东西。

在广州很容易以 750 元左右的价格买到从广州到济南的经济舱飞机票，但是在济南只能买到 1420 元的从济南到广州的经济舱飞机票，乘的

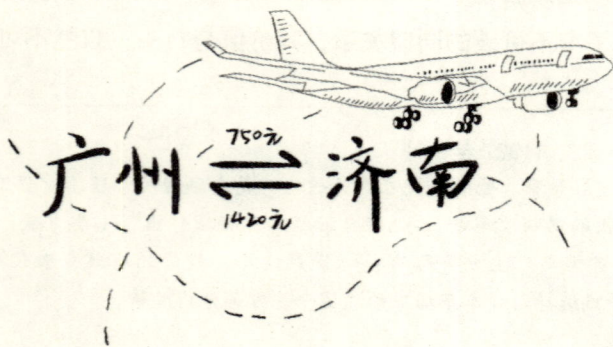

广州 ⇌ 济南
750元
1420元

是同一航空公司的飞机，甚至是同一架飞机，同样的机组，时间里程也一样，价格竟然相差如此悬殊。

在西方国家，这种事司空见惯。以美国为例，航空公司之间经常爆发价格大战，优惠票价常常只是正常票价的三分之一甚至四分之一。然而，即使是价格大战，航空公司也不愿意让出公差的旅客从价格大战中得到便宜。可是当旅客去买飞机票的时候，他脸上并没有贴着是出公差还是私人旅行的标记，那航空公司如何区分乘客和分割市场呢？

原来购买优惠票总是有一些条件，例如规定要在两星期以前订票，又规定必须在目的地度过一个甚至两个周末等等。

还有就是老板派员工出公差，往往都比较仓促，很少有两周前就计划好了的国内旅行，这就避免了一部分出公差的旅客获得实惠。再就是一定要在目的地度过周末的条件。老板派员工出公差，当然要让员工住较好的旅馆，还要付给员工出差补助。度过一个周末，至少多住两天，两个周末更不得了。这笔开支，肯定比享受优惠票价所能节省下来的钱多得多，更何况，度完周末才回来，员工在公司上班的日子又少了好几天。精明的老板才不会为了那点眼前的优惠，而贪小便宜吃大亏。就这样，在条件面前人人平等，这些优惠条件就把出公差者排除得八九不离十了。

对于商家，如果对夫妻间不同的价格期望非常熟悉，那么其战略就会非常简单，卖给丈夫1 800元，卖给妻子1 500元，采取典型的"看人定价"的价格差异化策略，即价格歧视（price discrimination）。

上述两种现象在经济学上就叫"价格歧视"。"价格歧视"也叫差别定价，是指企业为了获得更大的利润，把同一产品按购买者不同而规定的不同价格，一部分购买者所支付的价格高于另一部分购买者所支付的价格。

那么，商家为什么这样做呢？

商家做生意都是以赢利为目的，利润最大化是他们所追求的目标。因此，以尽可能高的价格出售商品是他们所希望的。但高价格的产品不一定会适合所有顾客，往往会造成积压、卖不出去的状况。这样一来，商家就要想出一些办法，使商品既能卖出去又能收获最大的利润。具体就是按照消费者各自能够接受的水平来定价。但是他们也知道消费者的需求是有弹性的。而这里的弹性就是指消费者对该商品价格的敏感程度，弹性越高，消费者对价格就会越敏感。所以，商家会对需求弹性高的消费者收取低价，因为价格定高了就很容易流失这类对价格敏感的消费者。当然，对需求缺乏弹性的消费者就要收取高价了，因为他们对价格不敏感，需求也相对稳定。

　　某些商品对某些人来说是不得不买的，而对另外一些人来说可能是可买可不买的。追求利润最大化的商家就是根据消费者"需求弹性"这一心理特点，对商品采取差别定价，将"价格歧视"合理地应用于自己的经营策略中。

　　当然，这并不代表"价格歧视"可以随便使用。因为消费者的需求弹性是有明显差别的，差别定价的商品也必须是难以转让的，因为如果消费者以低价买进商品再高价倒卖出去，商家的这种定价策略就会暴露。但商家又往往很难测定消费者的期望价格，且无法保证消费者之间的转卖行为，更难以细分市场，这些实际存在的问题使"价格歧视"的使用受到了很多局限。

　　总之，大家在逛商场买商品时，要时刻保持谨慎，不要成为商家"价格歧视"的对象。不过，了解了"价格歧视"的道理之后，丈夫再为妻子买礼物时，就应该更理智地权衡和思考了，不要忘了，多花钱是小，被妻子抱怨才是大。

威廉·夏普（1934–）

　　美国经济学家。资本资产定价模型的奠基者，1990年获诺贝尔经济学奖。主要著作有：《计算机经济学》、《资产组合选择理论和资本市场》、《管理经济学导论》、《投资学》、《资产配置工具》、《投资学基础》等。

猪肉价格为何疯涨?
白菜价格为何狂跌?

供给与需求是使市场经济运行的力量,决定了每种商品的销量及出售价格。市场经济的核心在于竞争,即供求竞争。供求竞争决定了市场价格,并在很大程度上使资源有效配置。

唐僧师徒四人正在赶路,忽然间黄沙漫天,许多妖怪从天而降。三个徒弟见状大惊,忙跃到唐僧跟前准备御敌,却见众妖怪上前捉了猪八戒,转身就跑。悟空猝不及防,回过神来,众妖怪已远去了。

八戒大惊,叫道:"你们抓错了,下边那个白白嫩嫩的才是唐僧!你们抓我老猪做甚?"

妖怪头子身在半空,回头答道:"猪肉价格猛涨,三年不知肉味了。传说唐僧肉能长生不老,却不知真假。眼前吃顿猪肉倒是要紧!"

这是网络上关于猪肉涨价的一个经典笑话。2007年是金猪年。猪肉

也开始像金子一样"金贵"起来，从五月份开始，全国猪肉价格突然出现猛涨。有些城市居然出现了一天疯涨三次的现象。

有两个笑话是关于猪肉和钻戒的，读来令人喷饭。

在上海南京路最大的店铺：

顾客担心地问道："老板，这五克拉的猪肉不是注水肉吧？"

老板指着几十斤猪肉，不屑地说："开玩笑，我做这么大的买卖，怎么会骗你。"

周大福广告：爱她就送她 20 克拉的猪肉戒指。

周生生广告：限量版 200 克拉猪肉项链火爆销售中。

为什么猪肉价格会如此疯涨呢？

每位稍懂经济的人都会觉得这个问题是在污辱他的智商。答案非常简单：因为猪肉的供给远远不能满足人们的购买需求。供给与需求是使市场经济运行的力量，决定了每种商品的销量及出售价格。市场经济的核心在于竞争，即供求竞争。供求竞争决定了市场价格，并在很大程度上使资源有效配置。

19 世纪著名的历史学家和作家卡莱尔曾经说过这样一句话："只要教鹦鹉学会说供给与需求，就能把它培养成一个经济学家。"

影响价格变动的主要因素是商品的供求关系。在市场上，当某种商品供不应求时，其价格就可能上涨到价值以上；而当商品供过于求时，其价格就会下降到价值以下。同时，价格的变化会反过来调整和改变市场的供求关系。

2006 年，由于生猪过多，猪肉价格持续下跌。加上部分地区的猪肉市场管理部门的苛捐杂税过高，导致许多大型的养殖户不仅血本无归，还欠下大批债务，普通农民也感觉不如直接卖粮食划算，因此以往肥猪满圈的情形如明日黄花。这才导致了 2007 年的猪肉价格疯狂上涨。

与 2007 年猪肉狂涨相反，2008 年冬天山东、河北等地的白菜价格却是狂跌。

"早知道冬天大白菜这么便宜，我就不买那么多了。"

张老太太一直对自己秋天储存大白菜的行为后悔不迭。

一般来说，冬储白菜因为需要储存成本，价格都会比秋季大白菜刚上市时每千克高出 0.20 元至 0.40 元，可张老太太清楚地记得：10 月初大白菜刚刚上市时自己买了 50 千克，那时的价格是 0.8 元／千克，还有 20 千克是以 1.0 元／千克的价格买的。可自从自己买后，大白菜价格就疯狂下跌，如今市场价格已跌至 0.16 元／千克。现在市场上的大白菜水灵、新鲜，而自己家里的白菜叶子早已枯黄干瘪得不像样子了。

自然，后悔不迭的张老太太最多损失几十元钱，叫苦不迭的却是菜农。选苗、播种、浇水、打药，辛辛苦苦几个月，眼见绿油油的白菜长势甚好，菜农的心都美滋滋的。起初的 0.6 元／千克的收购价格更是让菜农喜上眉梢。可没过多久菜农逐渐地心凉起来，收购价格为 0.12 元／千克，自己的工夫钱不算，连种子、农药、运费的钱都赚不回来。于是，乡村星罗棋布的菜畦上堆满了小山似的白菜堆。天真无邪的孩子在白菜堆上雀跃着捉迷藏，这欢喜景象与大人眉宇间的哀愁形成了强烈反差。

上世纪 80 年代的"苍山大蒜"事件后，"找县长还是找市场"充斥着大小媒体。对于猪肉价格疯涨、白菜价格狂跌应给农民的种植提出合理化的建议，各级政府尤其是乡镇领导，要认识到自身存在的问题，应该对农民的种植技术提出合理化建议，不要简单地把责任全推给市场。

罗纳德·哈里·科斯（1910-）

英国经济学家。他揭示并澄清了经济制度结构和函数中交易费用和产权的重要性，被公认为是新制度经济学的鼻祖。1991 年诺贝尔经济学奖的获得者。主要著作有：《企业的性质》、《美国广播业：垄断研究》、《联邦通讯委员会》、《经济学中的灯塔问题》等。

为什么
小客户也忽视不得？

长尾理论认为，由于成本和效率的因素，过去人们只能关注重要的人或重要的事，如果用正态分布曲线来描绘这些人或事，人们只能关注曲线的"头部"，而将处于曲线"尾部"、需要更多的精力和成本才能关注到的大多数人或事忽略。

美国《连线》杂志主编克里斯·安德森与 eCast 首席执行官范·阿迪布聊天时，后者提出一个新颖的"98%法则"，很是让他感到惊讶。范·阿迪布从数字音乐点唱数字统计中发现了一个秘密：听众对 98% 的非热门音乐有着无限的需求，非热门的音乐市场无比巨大，无边无际。听众几乎盯着所有的东西！他把这称为"98%法则"。

安德森系统研究了亚马孙、狂想曲公司、Blog、Google、eBay、Netflix

等互联网零售商的销售数据，并与沃尔玛等传统零售商的销售数据进行了对比，观察到一种符合统计规律（大数定律）的现象。这种现象恰如以数量、品种二维坐标上的一条需求曲线，拖着长长的尾巴，向代表"品种"的横轴尽头延伸，长尾由此得名。

习惯上，我们往往认为所有顾客一样重要；所有生意、每一种产品和每一分利润都一样好，都必须付出相同的努力；所有机会都有近似价值。而80/20原理恰恰指出了在原因和结果、投入和产出、努力和报酬之间存在的这样一种典型的不平衡现象：80%的成绩，归功于20%的努力；20%的产品或客户，占了约80%的营业额；20%的产品和顾客，主导着企业80%的获利。

80/20原理告诉我们，不要平均地分析、处理和看待问题，企业经营和管理中要抓住关键的少数；要找出那些能给企业带来80%利润、总量却仅占20%的关键客户，加强服务，达到事半功倍的效果；企业领导人要对工作认真分析，要把主要精力花在解决主要问题、抓主要项目上，其他次要工作分配下去，不能事无巨细，面面俱到。

长尾理论认为，由于成本和效率的因素，过去人们只能关注重要的人或重要的事，如果用正态分布曲线来描绘这些人或事，人们只能关注曲线的"头部"，而将处于曲线"尾部"、需要更多的精力和成本才能关注到的大多数人或事忽略。例如，在销售产品时，厂商关注的是少数几个所谓"VIP"客户，"无暇"顾及在人数上居于大多数的普通消费者。而在网络时代，由于关注的成本大大降低，人们有可能以很低的成本关注正态分布曲线的"尾部"，关注"尾部"产生的总体效益甚至会超过"头部"。例如，某著名网站是世界上最大的网络广告商，它没有一个大客户，收入完全来自于被其他广告商忽略的中小企业。安德森认为，网络时代是关注"长尾"、发挥"长尾"效益的时代。

一家大型书店通常可摆放10万本书，但亚马孙网络书店的图书销售额中，有四分之一来自排名10万以后的书籍。这些"冷门"书籍的销售比例正以高速度成长，预计未来可占整个书市的一半。

传统的市场曲线是符合80/20原理的，为了抢夺那带来80%利润的畅销品市场，我们厮杀得天昏地暗，但是我们所谓的热门商品正越来越名不副实。

简言之，尽管我们仍然对大热门着迷，但它们的经济力量已经今非昔比。那么，那些反复无常的消费者们已经转向了什么地方？答案并非唯一。他们散向了四面八方，因为市场已经分化成了无数不同的领域。互联网的出现改变了这种局面，使得99%的商品都有机会进行销售，市场曲线中那条长长的尾部也咸鱼翻身，成为我们可以寄予厚望的新的利润增长点。

Google 是一个典型的符合"长尾理论"的公司。它的成长历程就是把广告商和出版商的"长尾"商业化的过程。数以百万计的小企业和个人，此前他们从未打过广告，或从没大规模地打过广告。他们小得让广告商不屑，甚至连他们自己都不曾想过可以打广告。但 Google 的 AdSense 把广告这一门槛降下来了：广告不再高不可攀，它是自助的、价廉的、谁都可以做的；另一方面，对成千上万的 Blog 站点和小规模的商业网站来说，在自己的站点放上广告已成举手之劳。

Google 目前有一半的生意来自这些小网站而不是搜索结果中放置的广告。数以百万计的中小企业代表了一个巨大的长尾广告市场。这条长尾能有多长，恐怕谁也无法预知。

约翰·梅纳德·凯恩斯（1883–1946）

现代西方经济学最有影响的经济学家之一，英国经济学家。因开创所谓经济学的"凯恩斯主义"而著称于世。主要作品有《货币改革论》、《货币论》、《就业、利息和货币通论》。

第5章

生活中的经济奥秘

"黄金周"有负面效应吗？

为什么药价居高不下？

讨价还价有诀窍吗？

为什么有人愿意当"冤大头"？

总统为什么冲冠一怒为红颜？

怎样才能事半功倍？

天下为什么会有免费的午餐？

"黄金周"
有负面效应吗？

持续、稳定增长的经济是最有效且持久的，而特定条件下某一阶段爆发式的消费需求，往往带来的是之后消费的急剧萎缩。

自 1998 年实行"黄金周"以来，关于"黄金周"，网络上经典的笑话层出不穷。

笑话一：

十一放假前，爸爸问女儿黄金周有何安排。

女儿笑答："我已经计划好了，实施我的'五个一程'。"

爸爸打趣道："哪'五个一'，说出来也让爸爸长长见识。"

女儿一本正经地回答道："睡一天觉，做一天作业，看一天书，逛一天书店，玩一天电脑。"

笑话二：

国庆节七天长假做四件大事：

1. 给长城贴上瓷砖。

2. 给赤道镶上金边。

3. 给太平洋安上栏杆。

4. 给珠穆朗玛峰装上电梯。

顺便再做四件小事：

1. 给苍蝇戴上手套。

2. 给蚊子戴上口罩。

3. 给老鼠戴上镣铐。

4. 教育蟑螂戴上安全帽。

"黄金周"是在东南亚金融危机的背景下，为刺激消费，拉动内需而做出的举措。**消费作为衡量社会经济平衡发展的重要标志，既与社会群体收入水平息息相关，也与民众消费观念更新、消费时间充裕与否密不可分。**黄金周给予了老百姓充足的休息时间，而老百姓的经济思维迅速从简单的"积累型"向"积累——消费型"转变。

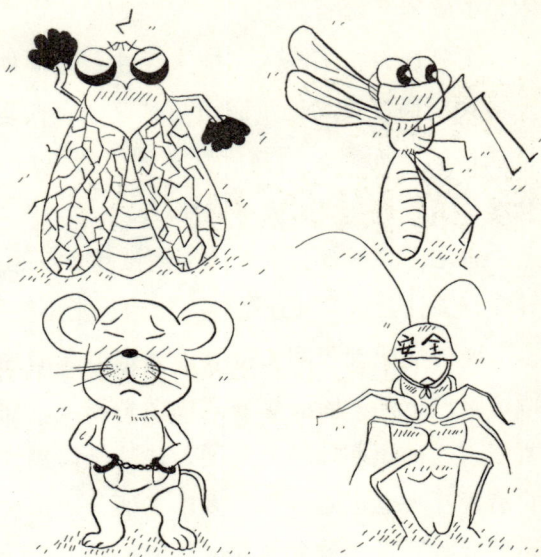

黄金周制度实行的最初几年，从未享受过长假的中国人得到了放松。"集中式"休假催生了"井喷式"消费热潮。据统计，第一个黄金周全国出游人数 7 天内达到 2800 万人次，旅游综合收入实现 141 亿元。除遭遇"非典"的 2003 年这个特殊的年份外，黄金周旅游收入始终保持了较高的增长速度。在过去的 19 个黄金周里，我国共有 16.3 亿人次出游，实现旅游收入 6704 亿元，拉动交通、餐饮、商业和旅游等产业快速发展，使中国的经济曲线出现规律性的小高潮。

黄金周期间任何与旅游有关的行业都得到了大发展。然而，从经济学角度分析收益率，必须考虑与其收入相匹配的成本支出。特别是对于旅游业这种典型的产品不可储存的行业来说，黄金周的"井喷"和黄金周前后的"低潮"，势必造成旅游市场极度的不均衡。

为了迎接集中的休闲旅游，旅游景点的基础设施必须按照最大化需求时的标准来建设，但这种最大化的需求一年只有一两次，大部分时间门前冷落、游客稀少，闲置设备的保养和维修都是沉重的包袱。这个成本是不能不考虑的。

另外还有折旧与人工成本。在黄金周期间，相关酒店的建筑、设施及各种交通工具均处于满负荷甚至超负荷运作状态，其折旧率是加速以至加倍的。而黄金周前后巨大的消费不均衡，也必然引起生产、运输、仓储及销售等方面的成本增加。

总之，大量社会资产的周期性超负荷运作、间歇性处于闲置的现象，导致相关社会资产加速损耗（折旧）是不容回避的现实。

经济学原理表明，持续、稳定增长的经济，是最有效且持久的，而特定条件下某一阶段爆发式的消费需求，往往带来的是之后消费的急剧萎缩。这种短期效益的突增，往往是以牺牲长期效益为代价的。黄金周的消费效应也正是这样。多种实证分析都说明，就全年而言，总体消费甚至有所下降，黄金周并未达到拉动内需的目的。而由黄金周带来的各种经济成本和社会成本却在逐渐增加。

罗伯特·福格尔（1926–）

美国经济学家。他用经济史的新理论及数理工具重新诠释了过去的经济发展过程，以他在计量经济史方面的贡献获 1993 年诺贝尔经济学奖。主要著作有：《联邦太平洋铁路》、《美国经济史的重新解释》（与恩格尔曼等合著）、《铁路与美国经济的增长：计量经济史学论文集》、《不公正的年代：美国黑奴经济学》（与恩格尔曼等合著）、《作为社会科学之工具的数学模型》、《"科学"史学与传统史学》（与埃尔顿合著）《通向过去之路》（与埃尔顿合著）等。

为什么药价居高不下？

药品作为一种特殊的商品在发挥它的功效之前，还要经过一些关键的环节。正是这些环节导致药价高得惊人、离谱。

1998年以来，国家针对药品价格居高不下的情况，已先后20次降低了部分虚高的药品价格。可见，政府为了降低药价不仅下了相当大的决心，而且拿出了多次降价行动。然而老百姓"看病难，买药贵"的呼声却依然很高。这20次降价似乎并未让群众真正体会到药品价格下降所带来的实惠，这是为什么呢？

从经济学上分析，商品价值是商品价格的基础，商品价格是商品价值的货币表现。商品的价值决定商品的价格。在其他条件不变的情况下，商品的价值量越大，价格就越高，商品的价值量越小，价格越低。

药品作为一种特殊的商品在发挥它的功效之前，还要经过一些关键的环节。正是这些环节导致药价高得惊人、离谱。

药价虚高的第一个原因是药品定价机制不健全。

目前，我国政府定价药品采用企业报价、主管部门审核批复的老路。地方主管部门由于地方保护主义，纵容企业的虚高定价行为，使药品的高利润变得合法化，来抬高地方的经济指标。结果一些药品的最高指导价格往往比生产成本高出若干倍。要完善药品定价制度，前提是地方主管部门必须放弃地方保护和自身利益，真正履行价格监管职能。

药价虚高的第二个原因是药品流通过程中生成的巨额费用。

药品市场的竞争已演变成为折扣与回扣多少的竞争。药品集中招标采购的本意是规范药品采购行为，但在实际的招标过程中，不少药厂不惜血本搞"公关"，把成百万元、上千万元的巨额资金用在了"打点"主管官员和评审专家上；为使药品打入医院，还必须打通医院领导、药房主任、医生等多个环节，多个环节层层扒皮，使药品从出厂到患者手中，价格翻了几倍甚至几十倍、上百倍。

为了遏制药品流通领域中的阴暗活动，我们国家必须加快改革药品招标采购制度，推行政府主导、以省为单位网上招标采购的办法，加速推进药品批发环节集中配送和零售环节连锁经营，以提高药品市场的透明度，切断医疗机构与医药分销企业之间的利益链，遏制流通环节的商业贿赂行为，大幅度降低药品流通成本。

现行的以药养医体制，也是造成药价虚高的根源之一。目前，药品收入已经成为医院的主要经济来源，使用进价高的药，医院赢利就高，这必然促使医院、医生乐于使用高价药，而不欢迎降价药。

为了解决这一问题，首先要剥离医院门诊药房，在此基础上逐步实行医药分业经营，使医院主要靠诊断治疗生存，而不是靠大处方。这样，有利于从源头上切断医院、医生与药厂之间的利益链条，促使医生合理用药，规范医疗行为，维护医生形象。

只有深化药品管理、流通和医疗体制改革，才能真正把虚高的药价降下来，让老百姓看得起病。

约翰·海萨尼（1920–）

匈牙利经济学家。经济学天才、理性预期学派的重量级代表，是把博弈论发展成为经济分析工具的先驱之一，1994年获诺贝尔经济学奖。主要著作有：《博弈和社会中的理性行为与讨价还价均衡》、《关于伦理学与社会行为及其科学解释的论文》、《博弈论论文集》、《博弈均衡选择的一般理论》、《道德、平等和个人美德：一个不正统的功利主义理论》（待出版）。

讨价还价有诀窍吗？

"一个人对一物所付的价格，决不会超过，而且也很少达到他宁愿支付而不愿得不到此物的价格。"通俗地说，人们希望以一个期望的价格购买某种商品，如果人们在消费时实际花费的金钱比其开始期望的花费低，人们就会从购物中获得乐趣，仿佛无形中他获得了一笔意外的财富。

一天，出差在外的袁丽漫不经心地在陌生的城市逛街。她来到一家服装店，此时她感觉有个男人打量她起来没完。她还以为碰到了色狼。突然那个男人向她走来，正当她要离开时，那个男人却喊出了她的名字。

袁丽很是吃惊，仔细一看那人居然是自己中学时的初恋情人李涛。原来李涛下海开了一家服装店。两人正愉快地寒暄时，一位顾客看中了一件 1 200 元的女式大衣。

顾客说："老板，打个折扣吧！600 元，怎么样？"

李涛说："600 元？我们都进不来货。你要是能帮着联系到货，我全要了。这是今年最流行的款式，纯羊绒的。手感、线条、颜色都无可挑剔。当时就想多进 10 件货，可批发商也没货了。"

顾客说："料子、款式、颜色都还不错。你也不看现在已经什么季节了。"

顾客边说边慢慢地向门口走去。

李涛不慌不忙地说："今天你是我的第一个顾客。再说你能在我这里买衣服也是我们的缘分。不过你得答应我，千万不能告诉别人你是花 600 元买的，你就说是花 1 200 元买的。"

顾客转身去交钱。一会儿回来说："老板，我的现金不够了。你们店的服务员说你们这不能刷卡。要不，我过几天再来取！"

李涛问道："你身上有多少现金？"

顾客回答说："只有570元。"

李涛说："你570元拿走得了。就算我又多赔了30元。

顾客说："放心吧，以后不仅我会常来，还会把亲戚、朋友介绍过来。"

顾客离开后，袁丽问道："像你这样做生意还不得赔掉裤子。你到底是多少钱进的货？"

李涛哈哈大笑："我肯定不会骗你的。我是240元进的货。到换季的时候按原价都很好卖。如果你要呢，我一分钱不要。"这在经济学教科书中有一专业术语"消费者剩余"。**消费者剩余是消费者为取得一种商品愿支付的价格与他取得该商品而支付的实际价格之间的差额。**

"消费者剩余"的概念是经济学家马歇尔在他的《经济学原理》中首次提出来的。他认为："一个人对一物所付的价格，决不会超过，而且也很少达到他宁愿支付而不愿得不到此物的价格。"通俗地说，人们希望以一个期望的价格购买某种商品，如果人们在消费时实际花费的金钱

特价清仓1200元

比其开始期望的花费低，人们就会从购物中获得乐趣，仿佛无形中他获得了一笔意外的财富。

走在大街上，到处都是吐血大甩卖的促销广告。或者因拆迁忍痛甩卖，一律 N 折起的广告。可甚至一年后，此店还会存在。商家无非是给顾客一颗定心丸来迎合"消费者剩余"的满足感。实际上，"消费者剩余"不会给顾客带来任何实际的收益。

日常生活中，我们经常会遇到此类事情。在高档精品屋里打 7 折、8 折仍然标价 1 000 元的价值不菲的商品，在一般商场里的标价只有 500 元，而且商品生产地、生产日期都惊人地相似。

商家总是想方设法地把"消费者剩余"转化为利润。例如在我国，奶粉向来是低价商品，每袋价格在 10 元左右。一些外国公司了解到中国母亲生下孩子后，由于缺乏母乳，因此对高质量的奶粉需求迫切这一状况，于是研制出添加了各种营养成分的价格较高的高端奶粉，以每袋 80~100 元的价格销售。结果外国生产商运用"消费者剩余"而从中国消费者的口袋里狂赚了一笔。

莱因哈德·泽尔腾（1930-）

德国经济学家。主要集中于实验经济学研究，目标是建立一个充分考虑人们行为有限理性的决策理论和博弈理论。1994 年获诺贝尔经济学奖。主要著作有：《价格制定者厂商的一般均衡》、《博弈均衡选择的一般理论》等。

为什么有人
愿意当"冤大头"?

美国经济学家凡勃伦认为：商品价格定得越高越能畅销。它是指消费者对一种商品需求的程度因其标价较高而不是较低而增加。它反映了人们进行挥霍性消费的心理愿望。

在京城某家玉器商店，老成的店老板让年轻的营业员把两副相同的玉镯标上不同的价格出售，其中一副标价 200 元，一副标价 500 元。

年轻的营业员觉得奇怪，就问老板："同样的东西，谁会多花 300 元钱去买？500 元的那副能卖出去吗？"老板笑而不答。

不一会儿，一群外地游客走了进来。五六位女人开始挑选自己喜欢的商品。一位穿着考究的少妇拿起那两副手镯，比较来，比较去。营业员也不知说什么好，干脆不予理睬。看了一会儿，那位妇女说："这副 500 元的手镯我买了，给我包起来。"

她的另一个同伴说："这副看起来和那副 200 元的没啥区别啊。"

买镯子的顾客看了同伴一眼，自信地说："有区别，质地不一样。"

顾客走后，老板看看营业员说："怎么样？"

营业员说："她为啥要买 500 元一副的？这不是明摆着当'冤大头'吗？"

老板说："我也不知道为啥，反正我知道愿意当'冤大头'的人还真不少！"

这个故事即使是虚构的，却也揭示了顾客的一种心理——凡勃伦效应心理。

美国经济学家凡勃伦认为：商品价格定得越高越能畅销。它是指消费者对一种商品需求的程度因其标价较高而不是较低而增加。它反映了人们进行挥霍性消费的心理愿望。

我们经常在生活中看到这样的情景：款式、质地差不多的一双皮鞋，在普通的鞋店卖80元，进入大商场的柜台，就要卖到几百元，却总有人愿意买。1.66万元的眼镜架、6.88万元的纪念表、168万元的顶级钢琴……这些近乎"天价"的商品，往往也能在市场上走俏。其实这都是凡勃伦效应心理。让我们再阅读一则小故事来揭示凡勃伦效应心理。

一天，一位禅师为了启发他的徒弟，给他的徒弟一块石头，叫他去蔬菜市场，并且试着卖掉它，这块石头很大，很美丽。但是师父说："不要卖掉它，只是试着卖掉它。注意观察，多问一些人，然后只要告诉我在蔬菜市场它能卖多少。"

这个人去了。在菜市场，许多人看着石头想："它可作为很好的小摆件，供孩子们玩，或者我们可以把它当做称菜用的秤砣。"于是他们出了价，但只不过几个硬币。那个人回来。他说："它最多只能卖几个硬币。"师父说："现在你去黄金市场，问问那儿的人。但是不要卖掉它，只问问价。"从黄金市场回来，这个徒弟很高兴，说："这些人太棒了。他们乐意出到1000块钱。"师父说："现在你去珠宝市场那儿，低于50万不要卖掉。"他去了珠宝商那儿。他简直不敢相信，他们竟然乐意出5万块钱，他不愿意卖，他们继续抬高价格——他们出到10万。但是这个门徒说："这个价钱我不打算卖掉它。"他们说："我们出20万、30万！"这个徒弟说："这样的价钱我还是不能卖，我只是问问价。"虽然他觉得不可思议，认为蔬菜市场的价格已经足够了，但是没有表现出来。最后，他以50万的价格把这块石头卖掉了。

他回来，师父说："现在你明白了，这个要看你，看你是不是有试金石、理解力。如果你不要更高的价钱，你就永远不会得到更高的价钱。"

消费者购买高价商品的目的并不仅仅是为了获得直接的物质满足和享受，更大程度上是为了获得心理上的满足。随着社会经济的发展，人

们的消费会随着收入的增加，而逐步由追求数量和质量过渡到追求品位格调。了解了"凡勃伦效应"，我们也可以利用它来探索新的经营策略。比如凭借媒体的宣传，将自己的形象转化为商品或服务上的声誉，使商品附带上一种高层次的形象，给人以"名贵"和"超凡脱俗"的印象，从而加强消费者对商品的好感。

这种价值的转换在消费者从数量、质量购买阶段过渡到感性购买阶段时，就成为可能。实际上，在东南沿海的一些发达地区，感性消费已经逐渐成为一种时尚，而只要消费者有能力进行这种感性购买时，"凡勃伦效应"就可以被有效地转化为提高市场份额的营销策略。

罗伯特·卢卡斯（1937–）

美国经济学家。经济学天才、理性预期学派的重量级代表，倡导和发展了理性预期与宏观经济学研究的运用理论，深化了人们对经济政策的理解，并对经济周期理论提出了独到的见解。1995 年获诺贝尔经济学奖。主要著作有：《理性预期与经济计量实践》、《经济周期理论研究》、《经济周期模式》、《经济动态学中的递归法》。

总统为什么
冲冠一怒为红颜？

"眼球经济"又被称为"注意力经济"。它是依靠吸引公众注意力获取经济收益的一种经济活动。在现代强大的媒体社会的推波助澜之下，眼球经济比以往任何一个时候都要活跃。

　　某国总统云游出访，他国名记有幸约访，便把话筒递到了总统先生面前："听说贵国佳丽云集，粉黛三千，因此，特殊服务业异常繁荣，请问总统先生，对此有何看法？"

　　话音未落，总统先生盛怒之下，拂袖而走。但见第二天的报纸头条位置，赫然几个大字见诸报端：总统一怒为红颜！

　　标题是典型的吸引眼球的做法。这由此催生了经济术语——"眼球经济"。

　　"眼球经济"又被称为"注意力经济"。它是依靠吸引公众注意力获取经济收益的一种经济活动。在现代强大的媒体社会的推波助澜之下，眼球经济比以往任何一个时候都要活跃。电视需要眼球，只有收视率才能保证电视台的经济利益；杂志需要眼球，只有发行量才是杂志社的经济命根。

　　在网络时代，注意力之所以重要，是由于注意力可以优化社会资源配置，也可以使网络商获得巨大利益，注意力已成为一种可以交易的商品，这就是注意力的商品化。注意力作为一个个体资源虽然是有限的，但如果从全社会总体角度看，它又是非常丰富的资源，而且其再生成本几乎可以忽略不计，从而引发的经济效益是具有倍增的乘数作用。这就是为什么网络的点击数（访问量）、网民数往往比利润更受到风险投资者

的重视。因为点击率能够帮助我们破译注意力"密码",从而准确地把握市场走向。在这里注意力是第一位的,利润反居次要地位。在网络时代没有注意力就没有利润,而没有利润的企业最终要失败。

时下,文化界很多人在批评"眼球经济"也就是"注意力经济"。比如有位著名作家就说,现在连当代商业上都抛弃不用的规则,竟在文化领域受追捧。他指的就是"眼球经济"即"注意力经济"。作家分析,"注意力经济"就是说,只要能被人注意,能卖出去,就不论东西的善恶美丑。过去我们的一个作品,别人说好就成功了,喝倒彩就失败了。现在却变成了——喝彩成功了,喝倒彩也成功了,无人理睬就失败了。也就是说,现在只要东西卖出去,被关注了就是被消费了。至于艺术品被接受的结果如何,不管!

其实,对于"眼球经济"的是是非非,人们的议论由来已久。尤其是在日益走向市场化、竞争白热化的文化领域,适者生存这个矛盾谁也绕不过去。出版社推出一本书,没有个时尚的书名儿,就很有可能卖不动;电视台播放一部电视剧,没有了充满悬疑的剧名,就会没有收视率;报章杂志的文章里,没有让人耳目一新的题目,不仅没有网上点击率,一份报纸或整本杂志可能都无人问津;而各大网站最最需要"有人喝彩",只有点击率才是网站价值的集中体现。总之,在让人眼花缭乱、新品迭出的文化传播界,没有"吸引眼球"的"真功夫",你的文化产品内容再好,那也无人理睬;当然,也就无人消费,也就没有"经济效益";更重要的是还发挥不了教育的功能,达不到你"寓教于乐"的文化初衷。在这个意义上,有时标题的确大于内容。

尽管学术界的人们常常责备"眼球经济"的提法是个并不规范的词语，但在现实中它却很为文化制造者看重，颇受各方青睐，因而，有必要弄清楚它的初始意义是什么。"眼球经济"乃互联网时代的一大创举。诺贝尔经济学奖获得者赫伯特·西蒙说过："随着信息的发展，有价值的不是信息，而是注意力。"国内也有学者分析指出，在当今这个互联网时代，世界信息量以海量方式存在，而人类的注意力却是有限的，这就势必造成注意力的相对短缺。这种"供不应求"的状况，就使注意力成为一种价值不菲的"商品"。商家要想推销自己的产品，首先就得"投资"注意力。因为你的产品再好，如果不与消费者的注意力结合，也创造不了市场价值。注意力之所以重要，是由于注意力可以优化社会资源配置。谁能吸引更多的注意力——眼球，谁就会成为新经济市场的主宰。

打造一个文化产品，仅仅为了追求"眼球经济"，不顾善恶美丑当然不值得提倡。正如有人曾比喻的那样，一个人脱光了在大街上跑，肯定"吸引大众的眼球"，但那不只是庸俗简直就是恶俗。然而，一个好的文化产品若不考虑"眼球经济"的存在又是不现实的。我们一直提倡文化产品要接近生活、贴近百姓，要让老百姓喜闻乐见，你连老百姓的"眼球"都吸引不了，你怎么为老百姓服务？因此也有人说，大众文化就是"眼球经济"，只有受到大众的关注，文化的传播才变得有意义。

但是，当一个文化产品吸引了人们的眼球——注意力之后，若没有深刻的思想内涵，缺少启迪人们的理性分析，满足不了人们的审美需求和获得知识的正常欲望，最终仍会被大失所望的人们无情抛弃。你能一时吸引人们的眼球，却不能吸引人们持久的注意力。于是这种短期行为制造出来的只能是瞬间就会破灭的文化泡沫。

詹姆斯·莫里斯（1936-）

英国经济学家。激励理论的奠基者，在信息经济学理论领域作出了重大贡献，1996年获诺贝尔经济学奖。主要著作有：《关于福利经济学、信息和不确定性的笔记》、《道德风险理论与不可观测行为》、《组织内激励和权威的最优结构》等。

怎样才能事半功倍?

在任何特定群体中，重要的因子通常只占少数，而不重要的因子则占多数，因此只要能控制具有重要性的少数因子即能控制全局。

　　宋高宗年间，有一个名叫柳宣教的读书人高中进士，后出任当时的临安府尹。上任第一天，当地知名人士都前来参拜，只有城南水月寺竹林峰的住持玉通禅师未到。柳宣教非常生气，当时就想派人将其抓来，后在众人的劝阻下才作罢。不过，柳宣教对此却怀恨在心。

　　不久，柳宣教唆使一个绝色妓女去引诱玉通禅师，以此败坏他的名节。结果玉通禅师没能收住心性，破了色戒，他知道中了柳宣教的诡计，羞愧难当，随即圆寂。玉通禅师死后，柳宣教的妻子生下了一个女儿，名叫柳翠，前世就是玉通禅师。长大后的柳翠不守妇道，风流韵事不断。

　　玉通禅师生前有一个好友，名叫月明。月明和尚看到玉通禅师（现在的柳翠）堕落风尘时间太久了，于是他派法空和尚去点化柳翠。

　　一天，柳翠从西湖游玩回来，听见外面有一和尚在化缘，而且言语不俗。柳翠心有所动，便让丫鬟将和尚唤了进来。柳翠问道："你有什么本事，到这里来化缘？"

　　法空和尚应道："贫僧没什么本事，但会解说因果之事。"

　　"何为因果？"

　　法空说："前为因，后为果；作者为因，受者为果。如同种瓜得瓜、种豆得豆一样，种是因，得是果。没有播种，怎么会有收成？好因得好果，恶因得恶果。"

　　柳翠听完这番因果论，茅塞顿开，于是皈依了佛门。

这就是"种瓜得瓜，种豆得豆"典故的由来。

抛开因果报应不谈，只谈耕耘和收获。都说"种瓜得瓜，种豆得豆"，有一分耕耘便有一分收获。我们都是时间和金钱的消费者，我们是否能种豆得瓜呢？

答案是肯定的。我们只要把时间花在重要问题上。即使花20%的时间，也可取得80%的成效。这就是著名的帕累托效应，又称做80/20法则。

19世纪末期与20世纪初期的意大利经济学家兼社会学家维弗利度·帕累托指出：在任何特定群体中，重要的因子通常只占少数，而不重要的因子则占多数，因此只要能控制具有重要性的少数因子即能控制全局。

帕累托发现在意大利，80%的财富为20%的人所拥有，并且这种经济趋势存在普遍性。后来人们发现，在社会中有许多事情的发展，都迈向了这一轨道。目前，世界上有很多专家正在运用这一原理来研究、解释相关的课题。例如，这个原理经过多年的演化，已变成当今管理学界所熟知的"80/20原理"，即80%的价值是来自20%的因子，其余的20%的价值则来自80%的因子。

80/20原理被推广至社会的各个领域。经济学家认为，20%的人掌握着80%的财富；20%的产品创造了80%的销售额，20%的客户资源为企业带来了80%的收益；20%的产品或客户资源通常能占到一家企业利润的80%。

在社会生活中，80%的罪行是20%的罪犯所为，20%的驾驶员引发了80%的交通事故，20%的已婚人士的离婚概率达到总离婚率的80%，20%的儿童得到了80%的可用教育资源。

在家庭生活中，20%的地毯的利用率高达80%，80%的时间里你穿的是所有衣服中的20%。此外，如果你遇到入侵警报，20%的可能性因素会引发80%的错误警报。

内燃机是对80/20原理的极好诠释。在燃烧过程中，80%的能量被浪费掉了，只剩下20%的能量产生动力，而这20%的投入却收获了100%的产出。

心理学家认为，20%的人身上集中了80%的智慧。

人的专长可能很多，但真正发挥作用的很少。所以，要善于掌握自己的优势，寻找那些自己非常喜欢、非常擅长、竞争不太激烈的事情去做，一定会有收获。找到人生最关键的事情，才有可能获得成功的人生。在安排自己的时间上，有所不为才能有所为。要集中自己的时间精力，抓关键的人、关键的环节、关键的岗位和关键的项目。推而广之，我们可以认为，在任何大系统中，约80%的结果是由该系统中约20%的变量产生的。"80/20"原理对所有人的一个重要启示便是：避免将时间花在琐碎的多数问题上，因为就算你花了80%的时间，你也只能取得20%的成效；你应该将时间花在重要的少数问题上，因为掌握了这些重要的少数问题，你只需花20%的时间，便可取得80%的成效。

加里·贝克尔（1930–）

美国经济学家。他将微观经济学的理论扩展到对于人类行为的分析上，包括非市场经济行为。1992年获诺贝尔经济学奖。主要著作有：《歧视经济学》、《生育力的经济分析》、《人力资本》、《人类行为的经济分析》、《家庭论》等。

天下为什么会有免费的午餐？

顾客免费获得 A 商品，但需要支付 B 商品的钱；或者免费获得一个商品，但需要支付后续服务。

"免费的午餐"？难道天上真的会掉馅饼吗？战国时期的蜀侯会眼泪汪汪地告诉你：千万不要相信免费。

秦惠文王想攻打蜀国，可苦于山高水险，没有进军的道路。他听说蜀侯生性贪婪，便心生一计，找人雕凿了一个石牛，每天在石牛身后堆上一些金子，谎称是这头牛的粪，并放风说要将这头牛赠送给蜀侯以增进友好。久之，消息广传，蜀侯听说后很高兴，且信以为真。为早日迎回这头会拉金粪的宝牛，便命人劈山填谷修了一条路，派了五名大力士去迎接石牛。可是，五名大力士把石牛迎回蜀国，秦惠文王的军队也随后沿着修好的道路打进来了，蜀侯最终落了个国败身亡的可悲下场。

然而，天下真的没有免费的午餐吗？100年前的美国推销员金·吉列会郑重其事地告诉你：相信免费也无妨。

1903年，满脑子乌托邦式幻想的推销员金·吉列已年近五十，却渴望成为一个发明家。他花了四年时间，发明了可更换刀片式剃须刀，可在最初销售的这一整年里，只卖出了51副刀架和168枚刀片。

但接下来，吉列做的事情却创造了一种全新的商业模式。他以极低的折扣将数百万副刀架卖给美国陆军，希望这些士兵退役回家后，可以成为吉列的忠实用户，军队自然将刀架当做生活必需品发给了士兵们。他将刀架卖给银行，让银行作为礼品来送给新开户的客户。他设法将刀架和几乎所有商品都捆绑在了一起——从绿箭口香糖到红茶茶包，不一而足。仅仅过了一年，他就已经售出了 9 万副刀架和 1240 万枚刀片。

100 年前吉列刀片的盛行，给后世的商业留下了一个重要的遗产：提供免费（或者至少是廉价得近乎免费）的平台产品，然后通过耗材或者补给或者服务，来获得真正丰厚的利润和收入。比如，中国移动会免费送你一部手机，当然，条件是之后两年你每个月都要花很多钱打电话；咖啡供应商免费送一台咖啡机放在你办公室里，不用说，他的收入主要是靠出售咖啡包给你；惠普的打印机最便宜一款才 300 元人民币，但打印墨盒正是这家年营业收入逾千亿美元的 IT 公司的主要利润。

吉列刀片模式，在现代经济学上早被"交叉补贴"的标签给钉住了：免费获得 A 商品，但需要支付 B 商品的钱；或者免费获得一个商品，但需要支付后续服务费用。

准确地说，提供免费商品的边际成本正趋近于零。当然，沉没成本还是有的，但由于技术的发展，服务和商品的提供商可以接触大量甚至是海量的用户，其沉没成本可以因此摊得很薄，而每新增一个用户，或者给每个用户新增一项服务的边际成本则在急速朝零靠拢。

目前，数字市场最不容忽视的特征之一就是免费的可能性：由于成本几乎为零，价格也可以是零。实际上，有一种免费策略已经成了最常用的网络商业模式之一：首先用免费服务吸引大批用户，然后说服其中的某些人升级为付费的"高级"用户，换来更高的质量和更好的性能。Skype 和雅虎邮件就是两个例子。由于数字服务的成本寥寥无几，免费的代价也寥寥无几，只要有一小部分用户转变成付费用户，商家就可以弥补全部成本。

从 32 秒音乐剪辑到视频预览，免费样品之所以出现，是因为在宽带上传输字节的成本非常低。视频游戏制作商们通常会发行几个免费的演示版本，如果你喜欢它们，你还可以花钱开通其他版本。2005 年，环球电影公司在网上发布了科幻片《宁静》的前 9 分钟——免费而且未经删减的前 9 分钟。为什么？因为它有能力这样做。把一部影片的 10% 在线传输给对此感兴趣的观众几乎没有成本，与巨大的营销价值完全不成比例——一旦被这个片断吸引到了情节之中，却还有扣人心弦的悬念尚未解开，心痒难耐的观众们只能花钱去一趟电影院了。

多数电视节目已经是免费供应，全靠广告支撑。但在网上，电视网仍在想方设法地收费，即使播映收益已经弥补了生产成本，而且网上传输成本微不足道。网上的电视节目为什么就不能免费呢？毕竟，你可以加入首尾广告（而不是插播广告），植入广告也会有更多的观众——别忘了，植入广告是既不可剔除，也不可按一下快进键略过不看的。说到底，在一个竞争激烈的丰饶市场中，价格倾向于随成本而变。而在数字经济学的统治下，成本只会越来越低。

举例来说，Google 公司的服务器全部是自己手工攒的，据估计有 60 万台机器在一个"服务器农场"（server farm）里同时运转，通过宽带互联网，为全世界的网络用户提供搜索、邮件、地图等服务。对于 Google 来说，新增一个用户，或者给每个 Gmail 用户新增 1GB 字节的存储空间所需增加的成本几乎可以不计。

免费的当然不止是谷歌和 Gmail 服务，《纽约时报》过去 28 年来的报道和文章你都可以免费从网上看到了。你可以免费创建、编辑 Word 和 Excel 文档，无须花 3000 多元人民币去购买微软的 Office 软件。江南春免费安装楼宇液晶；马云阿里巴巴公司的免费策略以及全世界游戏产业增长最快的是免费的网页休闲游戏——史玉柱的《征途》和陈天桥的《传奇》，你可以看做是交叉补贴的代表者，当然也可以视做免费经济时代里的一种基础模式，因为它们的前提也是每个用户边际成本的降低。

道格拉斯·诺斯 〔1920–〕

美国经济学家。他建立了包括产权理论、国家理论和意识形态理论在内的"制度变迁理论"。1993 年获诺贝尔经济学奖。主要著作有：《1790—1860 年的美国经济增长》、《美国过去的增长与福利：新经济史》、《制度变迁与美国的经济增长》（与戴维斯合著）、《西方世界的兴起：新经济史》（与托马斯合著）、《经济史中的结构与变迁》等。

第 6 章

理财中的经济奥秘

"选美理论"为何风行股市？

散户怎样才能坐享其成？

为什么老鼠生活在地下？

谁才是最大的笨蛋？

为什么低风险投保人会退出保险市场？

唐僧师徒该如何买基金？

为什么理财专家大都建议投资债券？

怎样通过期货赚钱？

国王为什么为自己的赏赐而懊悔不已？

股票被套牢了，怎么办？

"选美理论"为何风行股市？

一些金融学家开始引入心理学关于人的行为的一些观点，来解释金融产品交易的异常现象，比如从众心理、噪音交易、泡沫等等，这些理论形成了现代金融理论中的行为学派，被称为行为金融。

荧屏上正在播放选美大赛。在美女如云的选美比赛中，谁能猜中真正的冠军，谁就可以得到天文数字的大奖。

你应该怎么猜？

凯恩斯先生告诉我们，别猜你认为最漂亮的美女能够拿冠军，而应该猜大家会选哪个美女做冠军。即便那个女孩丑得像时下经常出入各类搞笑场合的娱乐明星，只要大家都投她的票，你就应该选她而不能选那个长得像你梦中情人的美女。这诀窍就是要猜准大家的选美倾向和投票行为。

再回到金融市场投资问题上，不论是炒股票、炒期货，还是买基金、买债券，不要去买自己认为能够赚钱的金融品种，而是要买大家普遍认为能够赚钱的品种，哪怕那个品种根本不值钱，这道理同猜中选美冠军就能够得奖是一模一样的。

以上就是著名的"选美理论"的内容。"选美理论"是著名经济学家凯恩斯在研究不确定性时总结自己在金融市场投资的诀窍时，以形象化的语言描述的投资理论。

把凯恩斯的选美的思维方式应用于股票市场，那么投机行为就是建立在对大众心理的猜测上。打个比方，你不知道某个股票的真实价值，但为什么你花二十块钱一股去买呢？因为你预期有人会花更高的价钱从你那儿把它买走。

马尔基尔把凯恩斯的这一看法归纳为最大笨蛋理论：你之所以完全不管某个东西的真实价值，即使它一文不值，你也愿意花高价买下，是因为你预期有一个更大的笨蛋，会花更高的价格，从你那儿把它买走。投机行为的关键是判断有无比自己更大的笨蛋，只要自己不是最大的笨蛋就是赢多赢少的问题。如果再也找不到愿出更高价格的更大笨蛋把它从你那儿买走，那你就是最大的笨蛋。

在金融市场投资方面，凯恩斯的选美理论其实是用来分析人们的心理活动对投资决策的影响。但目前大多数基本面分析人士和经济学家拒绝考虑市场参与者的心理因素，技术派分析人士由于固守"市场交易行为都是理性的"这样一个定式，也往往对交易者的心理因素不进行详细的分析，这可能是基本面分析学派和技术分析学派的创立者自己没有从金融市场赚到大钱的主要原因。

从实际情况来看，金融市场参与者的行为动机各不相同。他们的心智、动机、思维方式、风险偏好和交易视野可能完全不同。虽然大家普遍认为人们在自愿交易时是理性的，但实际上，人只有在有限的情况下，才能够做到理性。基于卡尼曼（Daniel Kahneman）等人发展的非线性效用理论，一些金融学家开始引入心理学关于人的行为的一些观点，来解释金融产品交易的异常现象，比如从众心理、噪音交易、泡沫等等，这些理论形成了现代金融理论中的行为学派，被称为行为金融。

有一个行为金融学的著名段子：一位专家说，牛市的发展有四个阶段：第一个阶段是，傻瓜向聪明人学习；第二个阶段是，傻瓜开始认为自己最聪明；第三个阶段，傻瓜们开始互相学习——在美国 20 世纪 30 年代大萧条前股市也是很火，有一次，一个散户听了别人的小道消息买进某只股票而赔了钱，他找到告诉他消息的人问："你的消息是从哪来的？"那个人回答："是你岳母告诉我的。"——第四个阶段，聪明人开始认为傻瓜比自己聪明，他们开始向傻瓜学习。所以，在一个被命名为所谓的牛市阶段，你看一篇文章最重要的一点，是你要确认写这篇文章的人是不是傻瓜，当然，这是多么的难。

行为金融理论试图刻画决策人真实但常常是直觉的行为，不管这些行为是貌似合理还是不合理，并以此为基础对决策前、决策中和决策后的情形作出预测。这与行为评估紧密相关，尤其是对资本市场参与者的行为评估，由于决策行为可以预测，也就对其他人有了可资利用的经济价值。

就像猜选美冠军不仅要考虑参赛选手的容貌、观众的喜好等正常因素外，还必须考虑贿赂、丑闻等异常情况一样，行为金融理论除了研究信息吸收、甄别和处理以及由此带来的后果外，它还研究人们的异常行为，从而观察非理性行为对其他市场参与者的影响程度。通过对市场交易者各种行为的研究，行为金融学对有效市场理论的三个假设提出了质疑。对于有效市场理论中的投资者是理性的假设，行为金融学提出要用投资者的正常行为取代理性行为的假设，而正常的并不等于理性的；对于投资者的非理性行为，行为金融学认为，非理性投资者的决策并不总是随机的，常常会朝着同一个方向发展；有效市场理论认为套利可以使市场恢复效率，价格偏离是短暂现象，行为金融学认为，套利不仅有条件限制，套利本身也是有风险的，因此不能发挥预期作用。

行为金融学尽管已经提出了许多富有成效的成果，一些新的研究结论和思想也在广泛应用之中，但作为一个新的研究领域，行为金融学还需要不断充实和完善。但有一点可以肯定的是：如果技术分析是建立于心理分析的基础之上，即去分析行为金融理论的分析结论，再结合上基本面分析的长处，金融投资理论就会更加实用。

威廉·维克瑞（1914–1996）

美国经济学家。在信息经济学、激励理论、博弈论等方面都作出了重大贡献。尤其凭借在不对称信息下对激励经济理论作出的奠基性贡献于 1996 年获诺贝尔经济学奖（获奖前去世）。主要著作有《累进税制议程》。

散户
怎样才能坐享其成？

股市中，散户投资者与小猪的命运有相似之处，没有能力承担炒作成本，所以就应该充分利用资金灵活、成本低和不怕套的优势，发现并选择那些机构投资者已经或可能坐庄的股票，事先蹲点，等着大猪们为自己服务。

近来的股市令股民们叫苦不迭。

某小饭馆老板贴出招聘启事，有三个人前来应聘。

老板问头一位："你有什么特长？"

"我做过操盘手。"

"手艺怎么样？"

"也没什么，只不过能把股价从5元炒到50元而已。"

"太好了，我这里正需要一个大厨，就是你了。"

第二个人递上了履历表，老板翻了翻，说道："噢，是股评家呀。这样吧，你的工作就是每天站在门口，见人就给我往里拉，这点事对你来说不难吧？"

老板转头问第三个人："你是干什么的？"

那人羞得满脸通红，不敢吱声。

第二个人急忙说道："他是我带来的，散户出身，洗碗扫地什么的随便安排个活就行。"

老板有些为难地说："我这里很高级的，要散户做什么？"

正说着，忽听大堂里传来一片吵嚷声。

老板急忙叫过一个服务员，问她出了什么事。

服务员回答道："采购员今天忘了买肉，客人点的菜半天送不上去，正在发脾气呢。"

老板顿时慌了神，这时，身旁的散户猛地拔出一把尖刀，捋起裤腿"嚓"地一刀割下一大块肉，血淋淋地丢给服务员："先拿去应急。"

散户转身又对老板说道："老子别的本事没有，割肉是经常干的，不信你问问他们二位。"

股票市场千变万化、跌宕起伏。作为散户，的确在风雨中飘摇不定，如何才能在风浪中平安无事呢？

证券市场就是一个集体博弈的场所，在人们看来，似乎占有天时的是大户和机构。而对于散户来说，赚钱就像天方夜谭。其实事情往往并非如此。

在博弈论（Game Theory）经济学中，"智猪博弈"是一个著名的纳什均衡的例子，我们前面提到过。实际上小猪选择等待，让大猪去按控制按钮，而自己选择"坐船"（或称为搭便车）的原因很简单：在大猪选择行动的前提下，小猪也行动的话，小猪可得到 1 个单位的纯收益，而小猪等待的话，则可以获得 4 个单位的纯收益，等待优于行动；在大猪选择等待的前提下，小猪如果行动的话，小猪的收入将不抵成本，纯收益为 –1 个单位，如果小猪也选择等待的话，那么小猪的收益为零，成本也为零，总之，等待还是要优于行动。

其实个股投资中也是有这种情形的。例如，当个股主力已经在底位买入大量股票后，他已经付出了相当的资金和时间成本，如果不拉抬就撤退，就等于接受亏损。所以，基于和大猪一样的贪吃本能，只要大势不是太糟糕，主力一般都会拉抬股价，以求实现吃进筹码的增值。这时的中小散户就可以对该股追加资金，当一只聪明的小猪，让主力庄家给抬轿子。当然，这种股票的发觉并不容易，所以当小猪所需要忙碌的就是发现有这种情况存在的猪圈，并冲进去当聪明的小猪。

从散户与庄家的策略选择上看，这种博弈结果是有参考意义的。例如，对股票的操作是需要成本的，事先、事中和事后的信息处理都需要一定量的投入，如行业分析、个股调研、财务比较等等，一旦已经付出，机构投资者是不太甘心就此放弃的。而中小散户不太可能事先支付这些高额成本，更没有资金控盘操作，因此只能采取小猪的等待策略。即在庄家重仓的股票里等着，庄家一定比散户更着急。等到主力动手为自己觅食而主动出击时，散户就可以坐享其成了。

股市中，散户投资者与小猪的命运有相似之处，没有能力承担炒作成本，所以就应该充分利用资金灵活、成本低和不怕套的优势，发现并选择那些机构投资者已经或可能坐庄的股票，事先蹲点，等着大猪们为自己服务。

由此可见，在散户和机构的博弈中，散户并不是总没有优势的，关键是找到有大猪的那个圈儿，并等到对自己有利的猪圈规则形成时再进入。

罗伯特·默顿（1944–）

美国经济学家。对布莱克—斯科尔斯公式所依赖的假设条件作了进一步减弱，在许多方面对其作了推广，1997年获诺贝尔经济学奖。主要著作有：《连续期金融》、《金融工程：金融创新的应用研究》、《全球金融系统：功能展望》、《金融学》等。

为什么
老鼠生活在地下?

风险投资，是指在多种不确定因素作用下，对两个以上的行动方案进行选择，由于有不确定因素存在，则行动方案的实施结果其损益值是不能预先确定的。"多种不确定因素"在学术名词上常称为"自然状态"。

玉皇大帝决定挑选 12 种动物代表人间生肖，并赐封为神。为体现公平原则，玉帝下令，在规定的日子，人间的动物都可以到天宫应选，并且以动物们赶到天宫的先后作为排名次的顺序，只取最先赶到的前十二名。

那时，鼠和猫是一对亲密无间的好朋友。老鼠自告奋勇地许诺到时自己会来叫猫一同出发。

事后，机灵的小老鼠忧心忡忡：人间的许多动物都比自己漂亮，并且还对人类有用，比如狗守屋、龙蛇治水、猴镇山、牛马耕田、猪羊供人食用，自己应当想个法子才能争取到属相。

于是，在规定到天宫的那天早晨，小老鼠悄悄起来，并没去叫猫，而是自己偷偷跳上老牛的角中藏了起来。它想让韧性最好、最勤奋的牛带自己上天宫去。老牛果然第一个赶到了天宫大门。天亮了，四大天王刚打开天宫门，牛还没有来得及抬蹄，小老鼠从牛角中一跃而下，直奔天宫大殿。

尽管玉帝不愿意封小小的老鼠为生肖，可是君无戏言，定下的规定不能更改，只好宣布鼠为生肖之首。忠厚老实的牛感到很委屈，为了安慰它，玉皇大帝将牛安排到百家姓里去了，而专门投机取巧、损人利己的鼠却没有进入百姓家。

猫在家等了半天，不见鼠的影子，只好自己赶去天宫，由于等待老鼠耽误了时间，等猫赶到天宫时，十二生肖早已排满，没有猫的份儿了。从此，猫恨透了老鼠，一见到它就扑过去咬，以泄心中之愤。而老鼠呢，也觉得自己有些对不起猫，见到猫就逃。因此，直到今天，猫和老鼠还是死对头。

人们也觉得老鼠这生肖之首来得不怎么光明正大，便对老鼠失去了好感，其他动物也疏远了它。于是，老鼠便离开了人和别的家禽家畜，在地下建立了自己的家园，过着孤独的生活。直至今天，它的子孙也还是生活在地下。

寓言中的小老鼠作出的是风险决策。在庞大的动物群体中，老鼠想要脱颖而出，就必须作出正确的决策使自己处于优势。而这个决策会带来极大的风险。如落选、得罪朋友、一辈子见不得阳光等，然而老鼠权衡利弊，还是愿意去冒这个风险。

生活中的我们会自然不自然地接触到风险投资。了解风险投资的知识是有百益而无一弊的。所谓风险投资，是指在多种不确定因素作用下，对两个以上的行动方案进行选择，由于有不确定因素存在，则行动方案的实施结果其损益值是不能预先确定的。"多种不确定因素"在学术名词上常称为"自然状态"。

风险决策可分为两类：若自然状态的统计特性（主要指概率分布）是可知的，则称为概率型决策；若自然状态的统计特性不可知，则称为不定型决策。对不成熟的高新技术产业所进行的风险投资决策，有些属于不定型决策，而有些则属于概率型决策。

根据投资者对待风险的态度和所掌握的信息的情况，可采用不同的决策方法。主要有：

（1）最大可能法

最大可能法的实质是将概率最大的投资结果看成是必然事件，即发生的概率为"1"，而将其他结果看做不可能事件。这一方法适用于某一投资结果比其他结果发生的概率大得多的情况。投资者的决策行为也就此变成了确定性决策问题。该方法的前提是投资者掌握了足够的信息来判断投资结果发生的概率。如果仍然存在许多不确定性因素影响对概率的判断，则不宜采用该方法。

（2）期望值法

利用期望值法进行风险决策要考虑投资者的风险偏好程度。其步骤是在收集相关资料后，列出主要的可行方案，算出每个可行方案的期望值来加以比较。如果投资者是风险厌恶型，目标是损失最小，则应采取期望值最小的行动方案。如果投资者是风险偏好型，目标是收益最大，则应选择期望值最大的可行方案。该方法结合了概率分析和投资者对风险和收益的态度，在大多数情况下都适用。

（3）概率不确定情况下的风险决策

现实中，有时很难估计出事件发生的概率，而只能对风险后果进行估计。这时，投资者是在一种不确定的情况下进行决策，故决策结果在很大程度上依赖于决策者对风险所持的态度。

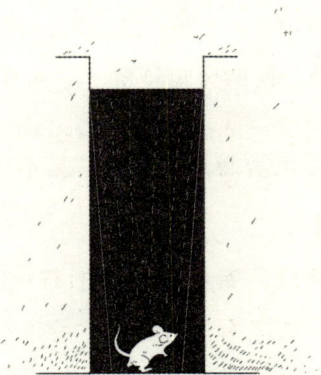

迈伦·斯科尔斯（1941–）

美国经济学家。他给出了著名的布莱克－斯科尔斯期权定价公式，该法则已成为金融机构涉及金融新产品的思想方法，1997年获诺贝尔经济学奖。主要著作有：《全球金融市场，衍生证券和系统风险》、《税收和期权定价》等。

谁才是最大的笨蛋？

最大笨蛋理论：你之所以完全不管某个东西的真实价值，即使它一文不值，你也愿意花高价买下，那是因为你预期会有一个更大的笨蛋出更高的价格，从你那儿把它买走。

小区里，一个小妹妹边看着手机边哭，不停地哭，后来更是坐在地上大哭。

三位保安哥哥在一旁安慰，"你是不是丢钱了？"

妹妹哽咽着说："不是。"

"那是不是失恋了？"

"也不是。"

一个人刚好经过，小心翼翼地问她："是不是股票跌停了？"

她哭得更厉害了……

生活中的我们有时会完全不管某个东西的真实价值，即使它一文不值，我们也愿意花高价买下。因为我们预期有一个更大的笨蛋，会花更高的价格，从我们这儿把它买走。这种事情如今多发生在拍卖行、期货市场、股票交易市场。

这正是最大笨蛋理论下的心理。说起最大笨蛋理论，还要从经济学家凯恩斯的亲身经历说起。

1908~1914年间，凯恩斯为赚钱四处讲课做兼职。经济学原理、货币理论、公司金融、证券投资……结果差一点儿累得吐血。1919年8月，凯恩斯找亲戚和朋友借了几千英镑做远期外汇投机。仅四个月时间，他就纯赚一万多英镑，在当时相当于他讲课十年的收入。三个月后，凯恩斯把赚到的利润和借来的本金又亏了个精光。赌徒往往有这样的心理，要从赌桌上把输掉的赢回来。七个月之后，凯恩斯又涉足棉花期货交易，狂赌一通大获成功。受此刺激，他把期货品种做了个遍。还嫌不过瘾，就去炒股票。1937年他因病金盆洗手的时候已经积攒起一生享用不完的巨额财富。与一般赌徒不同，他给后人留下了极富解释力的赌经——最大笨蛋理论，这可以视为他投机活动的副产品。

最大笨蛋理论：你之所以完全不管某个东西的真实价值，即使它一文不值，你也愿意花高价买下，那是因为你预期会有一个更大的笨蛋出更高的价格，从你那儿把它买走。

最大笨蛋理论一直存在，只不过无人总结。

1593年，一位维也纳的植物学教授带了一株郁金香回荷兰。此前，荷兰人从没见过这种土耳其栽培的植物。他料到荷兰人会对这种美丽的花如痴如醉。于是，教授把郁金香的售价抬得很高。一天深夜，一个窃贼破门而入，偷走了教授培养的全部郁金香球茎，并以很低的价格把球茎卖光了。

就这样，郁金香被种在了千家万户的花园里。后来，郁金香受到花叶病的侵害，病毒使花瓣生出一些反衬的彩色条块——有人把它形容成"火焰"。富有戏剧性的是，这种带病的郁金香成了珍品，以至于一个郁金香的球茎越古怪价格就越高。

于是，有人开始囤积病郁金香，又有更多的人出高价从囤积者那儿买入并以更高的价格卖出，一个快速致富的神话开始流传，贵族、农民、女仆、烟囱清扫工、洗衣老妇先后都卷了进来，每一个被卷进来的人都相信会有更大的笨蛋愿出更高的价格从他（或她）那儿买走郁金香。

1598 年，最大的笨蛋终于出现了，持续了五年之久的郁金香狂热迎来了最悲惨的一幕，所有郁金香球茎的价格很快跌到了一只洋葱头的售价，那些没有卖出的郁金香只能烂在花园里，而对于那些囤积者来说，所有的财富顷刻间全部都化为乌有。

投机行为应建立在正确把握大众心理倾向的基础上，期货、证券，甚至赌博都是这个道理。投机行为的关键是判断有无比自己更大的笨蛋，只要自己不是最大的笨蛋就是赢多赢少的问题。如果再也找不到愿出更高价格的更大笨蛋把它从你那儿买走，那你就是最大的笨蛋。

阿马蒂亚·森（1933–）

印度经济学家。他对福利经济学几个重大问题作出了贡献，包括社会选择理论、对福利和贫穷标准的定义、对匮乏的研究等作出精辟论述，1998 年获诺贝尔经济学奖。被称为关注最底层人的经济学家。主要著作有：《技术选择》、《集体选择与社会福利》、《论经济不公平》、《生活标准》、《不平等的再考察》等。

为什么低风险投保人会退出保险市场？

逆向选择指由于事先信息不对称而造成的高质量产品遭淘汰，低质量产品生存下来的现象。处于信息劣势的一方，往往按平均水准推测产品的质量，从而导致高质量产品的交易价格偏低，交易数量较少，甚至可能导致只有次品才能成交的逆向选择。

　　一个二手车市场，里面的车虽然表面上看起来都一样，但其质量有很大差别。卖主对自己车的质量了解得很清楚，而买主则没法知道车的质量。假设汽车的质量由好到坏分布比较均匀，质量最好的车价格为50万元，买方愿意出多少钱去买一辆他不清楚质量的车呢？

　　最正常的出价是25万。那么，卖方会怎么做呢？很明显，价格在25万元以上的"好车"的主人将不再在这个市场上出售他的车了。这样一来，进入恶性循环状态，当买车的人发现有一半的车退出市场后，他们就会判断剩下的都是中等质量以下的车了，于是，买方的出价就会降到15万元，车主对此的反应是再次将质量高于15万元的车退出市场。依次类推，市场上的"好车"数量将越来越少，最终导致这个二手车市场的瓦解。

　　上述案例正是经济学术语"逆向选择"的参考依据。

　　逆向选择是指由于事先信息不对称而造成的高质量产品遭淘汰，低质量产品生存下来的现象。处于信息劣势的一方，往往按平均水准推测产品的质量，从而导致高质量产品的交易价格偏低，交易数量较少，甚至可能导致只有次品才能成交的逆向选择。

逆向选择对经济是有害的：高质量产品的卖者和需要高质量产品的买者无法进行交易，双方效用都受到损害；低质量产品的企业获得生存、发展的机会和权利，迫使高质量产品的企业降低质量，与之"同流合污"；买者以预期价格获得的却是较低质量的产品。

"逆向选择"现象在保险行业中非常普遍。以医疗保险为例。不同投保人的风险水平可能不同。有些人可能有与生俱来的高风险，比如他们容易得病，或者有家族病史。而另一些人可能有与生俱来的低风险，比如他们生活有规律，饮食结构合理，或者家族寿命都比较长。

这些有关风险的信息是投保人的私人信息，保险公司无法完全掌握。所以保险公司对所有投保人制定统一保险费用（这属于总体保险合同）。由于保险公司事先无法辨别潜在投保人的风险水平，这个统一的保险费用，只能按照总人口的平均发病率或平均死亡率来制定。所以，它必然低于高风险投保人应承担的费用，同时高于低风险投保人应承担的费用。

通过这种方式，低风险投保人会不愿负担过高的保险费用，退出保险市场。这时，保险市场上只剩下高风险的投保人。简单地说，这时，高风险投保人驱逐低风险投保人的逆向选择现象发生了。其结果是保险公司的赔偿概率，将超过根据统计得到的总体损失发生的概率。保险公司出现亏损甚至破产的情况必然发生。

逆向选择说的是人们隐藏其"坏"的特征而出现的结果，隐藏行为则导致"道德风险"。"道德风险"指的是人们享有自己行为的收益，而将成本转嫁给别人，从而造成他人损失的可能性。"道德风险"主要发生在经济主体获得额外保护的情况下，它具有非常普遍的意义。在这里，因为保险公司无法观察到人们在投保后防灾行为的情况从而产生"隐蔽行为"。保险公司面临着人们松懈责任甚至可能采取"不道德"的行为而引起的损失。

资本市场上也存在着逆向选择。比如对于银行来说，其贷款的预期收益既取决于贷款利率，也取决于借款人还款的平均概率，因此银行不仅关心利率，而且关心贷款风险，这个风险是借款人有可能不归还借款。

一方面，通过提高利率，银行可能增加自己的收益；另一方面，当

银行不能观测特定借款人的贷款风险时，提高利率将使低风险的借款人退出市场，从而使得银行的贷款风险上升。

结果，利率的提高可能降低而不是增加银行的预期收益。显然，正是由于贷款风险信息在作为委托人的银行和作为代理人的借款者之间分布并不对称，导致了逆向选择现象。

罗伯特·蒙代尔（1932-）

美国经济学家。当代欧元之父、最优化货币理论之父。1999 年由于对不同汇率体制下货币与财政政策以及最适宜的货币流通区域所作的分析使他获诺贝尔经济学奖。主要著作有：《国际货币制度：冲突和改革》、《人类与经济学》、《货币理论：世界经济中的利息、通货膨胀和增长》、《新国际货币制度》、《世界经济中的货币历程》等。

唐僧师徒该如何买基金？

投资基金是汇聚众多分散投资者的资金，委托投资专家（基金管理人），由投资专家按其投资策略，统一进行投资管理，为众多投资者谋利的一种投资工具。投资基金集合大众资金，共同分享投资利润，分担风险，是一种利益共享、风险共享的集合投资方式。

关于基金，网上有着一段经典的对话：

购买前：从上往下看。

经理：我等了这么久，终于把你盼来了，你就安心坐在这儿吧，不用想别的！

基民：我可以离开吗？

经理：不，你别有这种想法！

基民：你能让我赚钱吗？

经理：当然！

基民：你会赚我的钱吗？

经理：不会，你怎么会有这样的想法？

基民：出货前你会通知我吗？

经理：会的。

基民：你会套牢我吗？

经理：无论如何都不！

基民：我能相信你吗？

经理：我对你怀有深情的爱！

购买后：从下往上看。

笑话归笑话。现实生活中有很多投资者，他们对股市知之甚少，炒股被套牢是家常便饭，可转买基金却往往立即就能赚一笔。其实，基金对中小投资者来说，的确不失为好的投资品种之一。

投资基金是汇聚众多分散投资者的资金，委托投资专家（基金管理人），由投资专家按其投资策略，统一进行投资管理，为众多投资者谋利的一种投资工具。投资基金集合大众资金，共同分享投资利润，分担风险，是一种利益共享、风险共享的集合投资方式。

为降低投资风险，我国《证券投资基金法》规定，基金必须以组合投资的方式进行基金的投资运作，从而使"组合投资、分散风险"成为基金的一大特色。"组合投资、分散风险"的科学性已为现代投资学所证明。中小投资者由于资金量小，一般无法通过购买不同的股票分散投资风险。基金通常会购买几十种甚至上百种股票，投资者购买基金就相当于用很少的资金购买了一揽子股票，某些股票下跌造成的损失可以用其他股票上涨的赢利来弥补。因此可以充分享受到"组合投资、分散风险"的好处。

为切实保护投资者的利益，增强投资者对基金投资的信心，中国证监会对基金业实行比较严格的监管，对各种有损投资者利益的行为进行严厉的打击，并强制基金进行较为充分的信息披露。在这种情况下，严格监管与信息透明也就成为基金的一个显著特点。

基金管理人负责基金的投资操作，本身并不经手基金财产的保管。基金财产的保管由独立于基金管理人的基金托管人负责。这种相互制约、相互监督的制衡机制对投资者的利益提供了重要的保护。

到底该如何购买基金呢？下面是一则网上流传了很久的唐僧师徒四人选择基金的故事。

话说唐僧师徒四人西天取经回来后，加官晋爵，结束了取经时四处化缘的生活，月月有丰厚的俸禄，生活倒也过得逍遥自在，可不久就发现，和其他神仙自驾宝马、奔驰比起来，自己的日子别提多寒酸了。

后来四人聚会时，八戒想起前段时间想找财神爷借钱时，看到财神爷门前的基金卖得很火，于是提议不如向财神爷买点基金。其他三人都觉得这主意不错，就找到财神爷。财神爷也搞不清他们的胃口，就找到智多星，智多星运用最新的"理财＋性格"测试软件一算，给他们下了一个诊书。

唐三藏：固步自封型。难于接受新事物，小气、节约。面对基金这新鲜事物，又冒出几万年前面对人参果时那句"善哉，善哉，拿走，拿走"。作为师父级人物，也相当于一个正教授了，其收入颇丰，除了较高的固定月薪之外，还有四处讲课诵经的酬劳，但其坚信银行储蓄最安全。所以建议连哄带骗让他先买点货币基金，小气之人必然算计，等他看到货币基金的收益率比银行定期还是高那么一点，而且比定存方便多了，他就会慢慢转变观念的：念经可以把死人讲活，基金一样可以把死钱转活的。

孙悟空：聪明、急躁型。但有长远眼光（火眼金睛），敢于冒险，好大喜功、爱面子、好交朋友。虽然收入在三兄弟中最高，可惜全都用在应酬上了，像个漏斗似的。因此可以建议他先省点钱下来买基金，先买激进一点的，比如广发聚丰或广发小盘。不过这猴子急躁，怕过两天赚了点钱又想赎回去买点桃吃了，所以还得用基金转换"紧箍咒"，这样可以省下不少手续费，平时分的红利可以够他买桃、请朋友喝点酒，还可以吹嘘一下。

猪八戒：不用说，好吃懒做，今朝有酒今朝醉，吃喝嫖赌还都俱全，典型的月光族型。所以才搞得做了净坛使者还要找人家借钱花的下场。智多星建议高老庄高小姐在猪八戒领薪水时直接由财务将工资中的 2000 元用于基金定投，否则到他手上就没的剩了。

沙僧：老实本分，稳重型。但行事谨慎，做事犹豫不定，认定之后就很执著。他买什么基金比较合适？比较稳健的基金，如广发聚富比较适合他，做长线投资，可以选择后端收费，投资 3 年以上，到时小沙僧出世时估计就可能有小轿车坐了。

詹姆斯·赫克曼（1944–）

美国经济学家。微观计量经济学的开创者，因对分析选择性抽样的原理和方法所作出的发展性贡献，而获 2000 年诺贝尔经济学奖。

<<<<<<<<<<<<<<<<<<<<<<<<<<<<<<<<<<<<<<<<<<<<< •••

为什么理财专家
大都建议投资债券?

债券作为一种债券债务凭证,与其他有价证券一样,也是一种虚拟资本,而非真实资本,它是经济运行中实际运用的真实资本的证书。

有投资常识的人都知道,债券是一种低风险、低收益的投资品种。

债券(Notes)是政府、金融机构、工商企业等机构直接向社会借债筹措资金时,向投资者发行,并且承诺按一定利率支付利息并按约定条件偿还本金的债权债务凭证。债券的本质是债的证明书,具有法律效力。债券购买者与发行者之间是一种债权债务关系,债券发行人即债务人,投资者(或债券持有人)即债权人。

债券是一种有价证券,是社会各类经济主体为筹措资金而向债券投资者出具的,并且承诺按一定利率定期支付利息和到期偿还本金的债权债务凭证。由于债券的利息通常是事先确定的,所以,债券又被称为固定利息证券。

债券作为一种债券债务凭证,与其他有价证券一样,也是一种虚拟资本,而非真实资本,它是经济运行中实际运用的真实资本的证书。

债券作为一种重要的融资手段和金融工具具有如下特征:

(1)偿还性。债券一般都规定有偿还期限,发行人必须按约定条件偿还本金并支付利息。

(2)流通性。债券一般都可以在流通市场上自由转让。

(3)安全性。与股票相比,债券通常规定有固定的利率。与企业绩效没有直接联系,收益比较稳定,风险较小。此外,在企业破产时,债券持有者享有优先于股票持有者对企业剩余资产的索取权。

（4）收益性。债券的收益性主要表现在两个方面，一是投资债券可以给投资者定期或不定期地带来利息收入；二是投资者可以利用债券价格的变动，买卖债券赚取差额。

人们投资债券时，最关心的就是债券收益有多少。为了精确衡量债券收益，一般使用债券收益率这个指标。债券收益率是债券收益与其投入本金的比率，通常用年率表示。债券收益不同于债券利息。债券利息仅指债券票面利率与债券面值的乘积。但由于人们在债券持有期内，还可以在债券市场进行买卖，赚取差价，因此，债券收益除利息收入外，还包括买卖盈亏差价。

决定债券收益率的主要因素，有债券的票面利率、期限、面值和购买价格。最基本的债券收益率计算公式为：

债券收益率 =（到期本息和 – 发行价格）/（发行价格 × 偿还期限）× 100%

由于债券持有人可能在债券偿还期内转让债券，因此，债券的收益率还可以分为债券出售者的收益率、债券购买者的收益率和债券持有期间的收益率。各自的计算公式如下：

债券出售者的受益率 =（卖出价格 – 发行价格 + 持有期间的利息）/（发行价格 × 持有年限）× 100%

债券购买者的收益率 =（到期本息和 – 买入价格）/（买入价格 × 剩余期限）× 100%

债券持有期间的收益率 =（卖出价格 – 买入价格 + 持有期间的利息）/（买入价格 × 持有年限）× 100%

如某人于 1995 年 1 月 1 日以 102 元的价格购买了一张面值为 100 元、利率为 10%、每年 1 月 1 日支付一次利息的 1991 年发行的 5 年期国库券，并持有到 1996 年 1 月 1 日到期，则

债券购买者的收益率 = (100+100 × 10%–102)/(102 × 1) × 100% = 7.8%

债券出售者的收益率 = (102–100+100 × 10% × 4)/(100 × 4) × 100% = 10.5%

再如某人于 1993 年 1 月 1 日以 120 元的价格购买了面值为 100 元、利率为 10%、每年 1 月 1 日支付一次利息的 1992 年发行的 10 年期国库券，并持有到 1998 年 1 月 1 日以 140 元的价格卖出，则

债券持有期间的收益率 = (140–120+100 × 10% × 5)/(120 × 5) × 100% = 11.7%

以上计算公式没有考虑把获得的利息进行再投资的因素。把所获利息的再投资收益计入债券收益，据此计算出来的收益率，即为复利收益率。

理财专家大都建议投资债券。目前，我国的国债安全性好，且收益高，故有着"超金边债券"的美誉。

从债权人的角度看，持有"超金边债券"是极富合理性的。因为就目前我国的现状来说，李嘉图等价定理并不存在，个人不能预测政府债券还本付息所需要的未来纳税义务，投资者往往视公债如财富，并增加即期消费。特别是"超金边债券"的风险与收益不对称，投资者在将风险外化给政府的同时，自己独享高收益。这其实是一种错觉，它隐藏着巨大的风险。

丹尼尔·麦克法登（1937–）

美国经济学家。现代微观计量经济学创始人之一，2000 年，他以"对分析离散选择的原理和方法所作出的发展性贡献"而获诺贝尔经济学奖。

怎样通过期货赚钱?

期货交易是在现货交易的基础上发展起来的、通过在期货交易所买卖标准化的期货合约而进行的一种有组织的交易方式。

自打儿媳怀孕起,张大妈就从乡下搬到了城里。她每天下午5点去菜市场买菜,6点摆上热气腾腾的饭菜。

一天下午,儿子打电话说自己和妻子最近几天都加班,没时间接孩子,让张大妈去接。把孩子接回来,已经6点了。她来到了每天光顾的猪肉摊位前,想买些排骨回家第二天好给儿子一家烧着吃,可摊主小吴却说排骨已经卖完了。

大妈心急火燎。经过一番唇枪舌战,可也不行啊,人家都没肉了,想卖都不行。于是大妈和小吴商量,明天一早多进一点排骨,把她要的那份留着,这样下午直接拿走就行了,但小吴说什么也不干,万一多留了排骨,大妈第二天不要又卖不掉怎么办,那自己就亏了,又是一番唇枪舌战……最后大家互退一步,大妈把第二天要买的肉钱先付一半,第二天来取肉时再付另一半,结果就这样定了,大妈要到了自己想要的东西,而摊主小吴也不会担心第二天卖不掉排骨。

上面的例子其实就是期货。张大妈想要买到当天买不到的肉希望第二天一定能买到而付了定金,而小吴收了定金卖了今天没有的东西。那么我们可以粗略地认为今天至明天的时间为所谓的期,而肉代表货物,两者合一为期货。

当然,期货有着具体、严格、规范的定义。期货是指期货合约,就是指由期货交易所统一制定的、规定在将来某一特定的时间和地点交割一定数量标的物的标准化合约。这个标的物,又叫基础资产,与期货合约所对应的现货，可以是某种商品，如铜或原油，也可以是某个金融工具，如外汇、债券，还可以是某个金融指标，如三个月同业拆借利率或股票指数。期货合约的买方，如果将合约持有到期，那么他有义务买入期货合约对应的标的物；而期货合约的卖方，如果将合约持有到期，那么他有义务卖出期货合约对应的标的物（有些期货合约在到期时不是进行实物交割而是结算差价，例如股指期货到期就是按照现货指数的某个平均数对在手的期货合约进行最后结算）。当然期货合约的交易者还可以选择在合约到期前进行反向买卖来冲销这种义务。

期货交易是在现货交易的基础上发展起来的、通过在期货交易所买卖标准化的期货合约而进行的一种有组织的交易方式。

在期货市场中，大部分交易者买卖的期货合约在到期前，又以对冲的形式了结。也就是说买进期货合约的人，在合约到期前又可以将期货合约卖掉；卖出期货合约的人，在合约到期前又可以买进期货合约来平仓。先买后卖或先卖后买都是允许的。一般来说，期货交易中进行实物交割的只是很少量的一部分。

期货交易的对象并不是商品（标的物）的实体，而是商品（标的物）的标准化合约。

期货交易的目的是为了转移价格风险或获取风险利润。

下面有几个对于期货入门者至关重要的问题：

问：期货是怎么赚钱的？

答：靠低买高卖赚钱，或是高卖低买赚钱。

整个过程是这样的。

比如白糖现在价格为4000，你觉得会上涨，则选择买多，等价格涨到4100，卖出平仓，赢利100个单位。如果觉得价格会下跌，则选择卖空。

问：炒期货最低需要多少钱本金？

答：没有什么限制，但至少买一手，一手的保证金各个品种不同。农产品低，金属类高，所以5 000~1 0000元就可以做。

问：用是否有资格限制？

答：用身份证就可以开户。

问：要去哪里才可以开户？

答：全国的期货经纪公司都可以开户。

问：买期货最应该注意的问题是什么？

答：最重要的是在没弄清楚前不要仓促入市。

问：整个期货交易过程中有哪些地方需要交手续费？

答：只有进行交易才收手续费，一般按照每手多少元来计算，各个品种不同，各家公司也不同。

问：导致亏损的原因有哪些？

答：亏损的原因主要有三个：1. 做错方向 2. 不懂止损 3. 重仓。

期货交易具有极高的风险性，交易者的心态在交易过程中至关重要。

老王来到期货公司开了户。正好此时绿豆大涨，连续涨停板，而且成交很少，根本买不到。公司每天只有一两笔买单成交，由于客户太多无法分配，公司经理便叫大家排队，按先来后到顺序分配成交单。

老王为买到绿豆，连续几天，都是天刚蒙蒙亮就赶往公司排队。邻居问："干啥去，这么早？"老王兴高采烈地回答："排队去，买绿豆。"

终于有一天，在快收市时，涨停板打开，所有买单全部成交。公司客户皆大欢喜，放鞭炮的，请客的，闹得不亦乐乎。

可第二天一开盘，绿豆便封死跌停，大家都傻了眼！公司经理怕出风险事故，大声嚷嚷："快平仓！快平仓！"可跌停板无成交，谁能平得掉？

于是又开始上面的排队的故事了，老王每天早起赶往公司排队砍仓，邻居又见，问："又干啥去，这么早？"

老王垂头丧气地回答："排队去，卖绿豆。"

乔治·阿克尔洛夫（1940 年 –）

美国经济学家。信号理论之父，2001 年乔治·阿克尔洛夫和迈克尔·斯宾塞、约瑟夫·斯蒂格利茨由于在"对充满不对称信息市场进行分析"领域所作出的重要贡献，而分享 2001 年诺贝尔经济学奖。这三名获奖者在 20 世纪 70 年代奠定了"对充满不对称信息市场进行分析"的理论基础。

国王为什么
为自己的赏赐而懊悔不已?

所谓复利也称利上加利，是指一笔存款或者投资获得回报之后，再连本带利进行新一轮投资的方法。

一位国王酷爱下棋且棋艺高超，自从 20 岁开始就未遇到过任何对手。寂寞的他下诏宣称，自己将会重赏能击败自己的高手。

一位貌不惊人的年轻人毛遂自荐与国王对弈。经过激战，年轻人赢了国王。

年轻人告诉国王说他只要一个小小的奖赏，就是在棋盘的第一个格子中放上一颗麦子，在第二个格子中放进前一个格子的二倍，每一个格子中都是前一个格子中麦子的二倍，一直将棋盘所有格子摆满。

国王觉得很容易，不假思索地答应了请求。很快国王发现：即使将国库所有的粮食都给他也不够，国王于是懊悔不已。

这就是复利的秘密！所谓复利也称利上加利，是指一笔存款或者投资获得回报之后，再连本带利进行新一轮投资的方法。尽管从表面上看，一粒麦子的起点十分低，但是经过很多次的乘积，最终结果就迅速变成庞大的数字。

例如甲打算 20 年后退休，现在每年生活费用是 3 万元，假定每年平均通货膨胀率从宽估算为 6%，那么 20 年后每年需要多少钱呢？

计算"复利终值"的公式是以现值乘以一个乘方，这个乘方是 (1 + 通货膨胀率)^n，n 指期数，也就是前述举例的年数，所以在举例中，乘方是 (1 + 6%)^{20}，等于 3.2071，现值是 3 万元，乘以 3.2071 的结果，算出复利终值是 96213 元。

假定乙有 50 万元，想投资某基金 15 年，这支基金年平均获利率为 12%，那么 15 年后乙可以有多少钱呢？

套入公式计算，现值是 50 万元，乘方是（1 + 获利率）^{15}，也就是（1 + 12%）^{15}，计算结果是 2736500 元。

复利现值是指在计算复利的情况下，要达到未来某一特定的资金金额，现在必须投入的本金。

例如丙希望 8 年后有 100 万元，想找一个年获利率 10% 的基金投资，那么现在该准备多少钱投资呢？

公式是以终值除以一个乘方，乘方与计算终值的乘方一样，也就是（1 + 获利率）^{n}，在这个例子中就是（1 + 10%）^{8}，为 21436，以 8 年后的 100 万元除以 2.1436，可算出现在该投资 466507 元。

那么在我们的现实生活中，如何能够充分享受到复利优势呢？

定期定额投资便是简单便捷的方法之一。所谓定期定额，即是投资者每月在固定的时间以固定的金额投资于一只或多只基金。定期定额购买基金是一种适合普通百姓的理财方式，尤其适合没积蓄，但每月有固定收入结余的投资者。

比如说，某投资者每月投入 1000 元购买易方达上证 50 指数(1680.777，–13.87，–0.82%)基金，将基金分红进行再投资，从 2004 年 3 月基金合同生效之日起截止到 2007 年 6 月 30 日，总共投入 39000 元，但期末总资产却达到 113933 元，定投期间资本加权收益率高达 385%，年均收益率超过 42%！若是从 2003 年底一开始定投易方达策略成长基金，在同样的时间段内总投入 42000 元，期末总资产已近 16 万元！

定期定投的优点之一是具有强制投资的功能，每月投入节余的小量金额，日积月累，长期享受复利的优势，投资者将会为自己的"自觉自律"而受益匪浅。

投资者在一段时间想从市场中获取多大的利益必须考虑入市资金的数量和安全，制定一个合理的目标。过高的目标和欲望往往导致鲁莽的交易行为。

一般而言,大多数成功的投资者,如索罗斯、巴菲特,每年的投资回报率并不太高,大约在 30 % 左右。但是,年复一年资金巨大的复利效应使他们最终积累了数目惊人的财富。

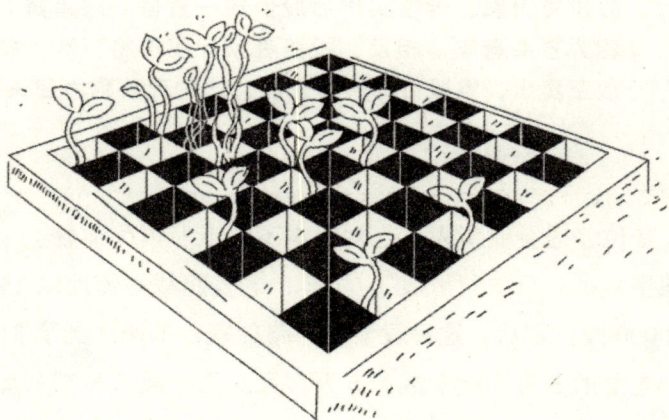

迈克尔·斯宾塞（1943-）

　　美国经济学家。迈克尔·斯宾塞认为:假如雇主不能区分高能力和低能力的劳动力之间的区别,那么就会形成劳动力市场上"劣币驱逐良币"的现象。迈克尔·斯宾塞还发现一个现象,即高能力的男性预期获得比同等能力的女性更高的学历。在这种情况下,在男女之间的教育回报由于教育方面投资的不同而不同。另外,斯宾塞提出的信号传递模型还对博弈论产生了深远的影响。2001 年获诺贝尔经济学奖。

股票被套牢了，
怎么办？

"套牢"是指进行股票交易时所遭遇的交易风险。投资者预计股价将上涨，但在买进后股价却一直呈下跌趋势，这种现象称为多头套牢。相反，投资者预计股价将下跌，将所借股票放空卖出，但股价却一直上涨，这种现象称为空头套牢。

老姜是位普通企业工人，起初根本不知道股票为何物。一位老朋友极力向他推荐了一只"稳涨股"。于是，老姜胆战心惊地以 15 元的价格买进了 2 000 股。之后，这只股票就一路狂飙，迅速涨到了 31 元。一个月时间，老姜的 3 万元就变成了 6 万多元。第一战就赢得如此漂亮，让原本对股票抱着戒心的老姜，态度一下子大转变——股市须拼搏，时不我待。

老姜甚至后悔当初没多投点钱。天天看着股市上不断上涨的收益，老姜准备甩开膀子大干了。刚好家里 4 月份把旧房子卖掉，准备换套大一点的新房。新房子也看好了，只等 6 月上旬交首付。拿着 70 万元的卖房款，老姜心里痒痒的，一个多月的时间，拿到股市搏一下，说不定变 100 万元了，就是赚个 10%也比存银行划算啊。说干就干，老姜买了两只股票，只等涨价。

五一黄金周后，节后开市大涨，老姜的一只股票让他一天就赚了 8%。谁知好景不长，5 月 9 日，该股大跌，一周后更是跌至最低。老姜后悔不迭，不该趟股市这浑水。

显而易见，老姜是被套牢了。"套牢"是指进行股票交易时所遭遇的交易风险。投资者预计股价将上涨，但在买进后股价却一直呈下跌趋势，这种现象称为多头套牢。相反，投资者预计股价将下跌，将所借股票放空卖出，但股价却一直上涨，这种现象称为空头套牢。

通常的解套策略主要有以下五种。

(1) 以快刀斩乱麻的方式止损了结。

适用于熊市初期。即将所持股票全盘卖出，以免股价继续下跌而遭受更大损失。采取这种解套策略主要适合于以投机为目的的短期投资者，或者是持有劣质股票的投资者。因为在处于跌势的空头市场中，持有品质较差的股票的时间越长，给投资者带来的损失也将越大。

(2) 弃弱择强，换股操作。

适用于牛市初期。即忍痛将手中弱势股抛掉，并换进市场中刚刚启动的强势股，以期通过涨升的强势股的获利，来弥补其被套牢的损失。这种解套策略适合在发现所持股已为明显弱势股，短期内难有翻身机会时采用。

(3) 采用拨档子的方式进行操作。

即先止损了结，然后在较低的价位时，再补进，以减轻上档解套的损失。例如，某投资者以每股60元买进某股，当股价跌至58元时，他预测股价还会下跌，即以每股58元赔钱了结，而当股价跌至每股54元时又予以补进，并待今后股价上升时予以沽出。这样，不仅能减少和避免套牢损失，有时还能反亏为盈。

(4) 采取向下摊平的操作方法。

适用于底部区域。即随股价下挫幅度扩增反而加码买进，从而摊低购股成本，以待股价回升获利。但采取此项操作方法，必须以确认整体投资环境尚未变坏，股市并无由多头市场转入空头市场的情况发生为前提，否则，极易陷入愈套愈多的窘境。

(5) 采取以不变应万变的"不卖不赔"方法。

在股票被套牢后，只要尚未脱手，就不能认定投资者已亏血本。如果手中所持股票均为品质良好的绩优股，且整体投资环境尚未恶化，股市走势仍未脱离多头市场，则大可不必为一时被套牢而惊慌失措，此时应采取的方法不是将套牢股票卖出，而是持有股票以不变应万变，静待股价回升解套之时。

弗农·史密斯（1927-）

　　美国经济学家。史密斯为创立实验经济学研究领域奠定了基础。他开创了一系列实验方法，为通过实验室实验进行可靠的经济学研究确定了标准。他揭示了替代性研究机构的重要性。他还是"风洞实验"理论研究的先驱，并因实验经济学的开创性研究贡献而获 2002 年诺贝尔经济学奖。

第 7 章

经营中的经济奥秘

为什么要"小题大做"？

勤劳的蚁群为什么重视"懒"蚂蚁？

怎样打造优秀的团队？

为什么部下总是效率低下？

卡耐基为什么判若两人？

如何在谈判中立于不败之地？

田忌为什么能在赛马中获胜？

为什么猴子都规规矩矩？

为什么明知亏损还继续做下去？

怎样分粥最公平？

规模大了，为什么效益却下降了？

谁该为滑铁卢战役埋单？

为什么要"小题大做"?

如果有人打坏了一个建筑物的窗户玻璃，而这扇窗户又得不到及时的维修，别人就可能受到某些暗示性的纵容去打烂更多的窗户玻璃。久而久之，这些破窗户就给人造成一种无序的感觉。结果在这种公众麻木不仁的氛围中，犯罪就会滋生、泛滥。

美国斯坦福大学心理学家詹巴斗曾做过一项试验：他找了两辆一模一样的汽车，把其中的一辆摆在帕罗阿尔托的中产阶级社区，而另一辆停在相对杂乱的布朗克斯街区。停在布朗克斯的那一辆，他把车牌摘掉了，并且把顶棚打开。结果这辆车一天之内就给人偷走了，而放在帕罗阿尔托的那一辆，摆了一个星期也无人问津。后来，詹巴斗用锤子把那辆车的玻璃敲了个大洞。结果呢？仅仅过了几个小时，它就不见了。

以这项试验为基础，政治学家威尔逊和犯罪学家凯琳提出了一个"破窗理论"。"破窗理论"认为：如果有人打坏了一个建筑物的窗户玻璃，而这扇窗户又得不到及时的维修，别人就可能受到某些暗示性的纵容去打烂更多的窗户玻璃。久而久之，这些破窗户就给人造成一种无序的感觉。结果在这种公众麻木不仁的氛围中，犯罪就会滋生、泛滥。

"破窗理论"在企业管理中有着重要的借鉴意义。

在日本，有一种称做"红牌作战"的质量管理活动：

①清理：清楚地区分要与不要的东西，找出需要改善的事物。

②整顿：将不要的东西贴上"红牌"，将需要改善的事物以"红牌"标示。

③清扫：将有油污、不清洁的设备贴上"红牌"，藏污纳垢的办公室死角贴上"红牌"，办公室、生产现场不该出现的东西贴上"红牌"。

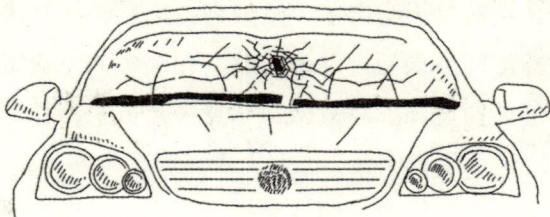

④清洁：减少"红牌"的数量。

⑤修养：有人继续增加"红牌"，有人努力减少"红牌"。

"红牌作战"的目的是：借助这一活动，让工作场所得以整齐清洁，营造舒适的工作环境，久而久之，大家遵守规则，认真工作。许多人认为，这样做太简单，芝麻小事，没有意义。但是，一个企业产品质量是否有保障的一个重要标志，就是生产现场是否整洁。这应该是"破窗理论"比较直观的一个体现。

更重要的一个方面可能在于，企业中对待随时可能发生的一些"小奸小恶"的态度，特别是对于触犯企业核心价值观念的一些"小奸小恶"，小题大做的处理是非常必要的。

如果对于违反公司规定的行为，有关组织没有进行严肃处理，没有引起员工的重视，从而使类似行为再次发生甚至多次重复发生。对于工作不讲求成本效益的行为，有关领导不以为然，使下属员工的浪费行为得不到纠正，反而日趋严重。

再者，如果有的员工工作中违反程序，还称"××都是这样干的"或者"上次就是这样做的"。

美国有一家以极少炒员工著称的公司。一天，资深熟手车工杰瑞为了赶在中午休息之前完成三分之二的零件，在切割台上工作了一会儿之后，就把切割刀前的防护挡板卸下放在一旁，没有防护挡板收取加工零件来更方便更快捷一点。大约过了一个多小时，杰瑞的举动被无意间走进车间巡视的主管逮了个正着。主管大发雷霆，除了目视着杰瑞立即将防护板装上之外，又站在那里控制不住地大声训斥了半天，并声称要作废杰瑞一整天的工作量。

事到此时，杰瑞以为结束了。没想到，第二天一上班，有人通知杰瑞去见老板。在那间杰瑞受过好多次鼓励和表彰的总裁室里，杰瑞听到了要将他辞退的处罚通知。总裁说："身为老员工，你应该比任何人都明白安全对于公司意味着什么。你今天少完成几个零件，少实现了利润，公司可以换个人换个时间把它们补起来，可你一旦发生事故失去健康乃至生命，那是公司永远都补偿不起的……"

离开公司那天，杰瑞泪如雨下。工作了几年时间，杰瑞有过风光，也有过不尽如人意的地方，但公司从没有对他说不行。可这一次不同，杰瑞知道，他这次碰到的是公司灵魂的东西。

"破窗理论"启发我们在管理工作中，必须及时修复第一扇破窗，并严惩第一个打破有序、制造无序的破窗者，对于影响深远的"小过错"，"小题大做"去处理，以防止"千里之堤，溃于蚁穴"，正是及时修好"第一个被打碎的窗户玻璃"的明智举措。

克莱夫·格兰杰（1934-）

英国经济学家。经济时间序列分析大师，2003 年诺贝尔经济学奖获得者。主要著作有：《股价的可预测性》、《商品价格的投机、套利和预测》、《经济时间序列预测》、《双线性时间序列模型导论》、《经济序列建模型：经济计量方法阅读材料》、《经济学的实证建模：设定和估计》等。

勤劳的蚁群
为什么重视“懒”蚂蚁?

企业在用人时，既要选择脚踏实地、任劳任怨的“勤蚂蚁”，
也要任用运筹帷幄，对大事大方向有清醒头脑的“懒蚂蚁”。
这些“懒蚂蚁”不被杂务缠身而长于辨别方向和指挥前进，
能想大事、想全局、想未来。

从前，苏格兰有个国王，名叫罗伯特·布鲁斯。他所处的时代是个不文明的野蛮时代，因此他必须机智勇敢。英格兰国王向他开战，率领大军入侵苏格兰，要把他赶出国土。

他打了一次战役又一次战役。布鲁斯六次率领人数不多的英勇部队与敌人作战，可是六次都被打败了，被迫逃跑。最后，他的部队溃散了，他本人被迫躲在森林里和群山深处的僻静地方。

一天，正当他躺着思索的时候，看见一只蜘蛛在他头上，准备织网。他注视着这只蜘蛛慢慢地、小心翼翼地辛勤劳作。

它六次试图把它那纤弱的细丝从一道横梁系到另一道横梁上去。但是六次都失败了。

“可怜的东西!”布鲁斯说道，“你也知道失败的滋味。”

但是蜘蛛并没有因为六次的失败而灰心。它更加小心谨慎地准备第七次尝试。

当布鲁斯看见蜘蛛在柔弱的细丝上摆动时，他几乎忘记了自己的烦恼。它会再次失败吗?不会!这根丝被稳妥地带到横梁上，而且牢牢地系在那儿了。

“我也要做第七次尝试!”布鲁斯喊了起来。

他站了起来，把他的士兵召集在一起，他把自己的计划告诉了他们，并且派他们把振奋斗志的信息带给他那些灰心丧气的臣民。不久，他周围就组成了一支勇敢的苏格兰军队。另一场战斗打响了，英格兰国王只好返回自己的国土了。

相信很多人都读过上述《布鲁斯和蜘蛛》的故事，并对持之以恒、坚韧不拔的蜘蛛赞赏有加。让我们把目光转向以勤劳著称的蚁群。

日本北海道大学进化生物研究小组对三个分别由30只蚂蚁组成的黑蚁群的活动进行了观察。结果发现，大部分蚂蚁都很勤快，寻找、搬运食物时争先恐后，少数蚂蚁却整日无所事事，东张西望不干活，人们把它们叫做"懒蚂蚁"。

有趣的是，当生物学家在这些"懒蚂蚁"身上做标记，并且断绝蚂蚁的食物来源时，那些平时工作很勤快的蚂蚁却表现得一筹莫展，而"懒蚂蚁"们则"挺身而出"，带领众蚂蚁向它们早已侦察到的新的食物源转移。

绝大部分蚂蚁都很勤奋，忙忙碌碌，但它们却离不开小部分的"懒蚂蚁"，这是为什么？原来"懒蚂蚁"们把大部分时间都花在了"侦察"和"研究"上了。它们能观察到组织的薄弱之处，拥有让蚂蚁群在困难时刻仍然能够活下去的本领，同时保持对新的食物的探索状态，从而保证群体不断得到新的食物来源。著名经济学家、北京大学教授郑学益在阐述市场营销理念时，以上述现象作类比：相对而言，在蚁群中的"懒蚂蚁"更重要，在企业中注意观察市场、研究市场、把握市场的人更重要，这就是所谓的"懒蚂蚁效应"。

勤与懒相辅相成，"懒"未必不是一种生存的智慧。懒于杂务，才能勤于思考。一个企业在激烈的市场竞争中，如果所有的人都很忙碌，没有人能静下心来思考、观察市场环境和内部经营状况，就永远不能跳出狭窄的视野，找到发现问题、解决问题的关键，看到企业未来的发展方向并作出一个长远的战略规划。

在一个分工协作的组织内部，勤者与懒者都是不可或缺的。大量勤者的存在，是一个组织赖以生存的必要条件。但是一个组织的生存和发

展，还需要有必要懒于具体事务，却勤于思考创新的决策、计划、组织、协调、指挥者。没有了这样的懒者，勤者极易无所适从，乱了头绪，多会做无谓劳作，往往事倍功半。

在人才的运用和配置中，更需要分清人才的类型和特点，加以合理运用，把各类人才放置在恰当的位置，盘活和优化人力资源。对于不能成为"懒蚂蚁"的勤劳蚂蚁，要尊重他们的工作价值，根据其能力和特点分配工作，使他们正确定位，不断认识和提高自我，注重扬长避短，充分发挥能力，和"懒蚂蚁"相互支持、相互依托、和谐共处，贡献其最大智慧和能量，携手确保企业安全、稳定、发展，深入推进企业和谐发展。

懒蚂蚁效应说明，企业在用人时，既要选择脚踏实地、任劳任怨的"勤蚂蚁"，也要任用运筹帷幄，对大事大方向有清醒头脑的"懒蚂蚁"。这些"懒蚂蚁"不被杂务缠身而长于辨别方向和指挥前进，能想大事、想全局、想未来。

罗伯特·恩格尔 (1942–)

美国经济学家。经济时间序列分析大师，2003 年获诺贝尔经济学奖。主要著作有：《协整、因果关系和预测：格兰杰纪念文集》（与怀特合编）、《ARCH：阅读精选》、《计量经济学手册（第四册）》、《长期经济关系：协整阅读材料》（与格兰杰合编）等。

怎样打造
优秀的团队？

管理学家们将这种有趣的雁群飞翔阵势原理运用于管理学的研究，形象地称之为"雁阵效应"。

网络上流传着一个冷笑话：

滴水结冰。小白兔看到两只冻得发抖的大雁在路边捡垃圾，好奇地问："你们从何处而来？为什么冬天到了，还不往南飞呢？"

其中一只大雁说："我们家族排成'人'字一起迁徙，可是其他的大雁都被猎人打下来了，只剩我们两个……"

小白兔问道："你们可以继续迁徙啊！"

大雁愤怒地叫嚷道："请问，我们俩还怎么排成'人'字？"

雁是一种候鸟。它们夏天喜欢栖息在西伯利亚的沼泽里。北方的夏季，昆虫、蠕虫、植物的种子随处可见，而敌害寥寥无几，这对大雁的繁衍生息是极其有利的。所以，它们总是回故乡繁殖后代。到了冬季，千里冰封，万里雪飘。任何食物都被白雪覆盖，因此大雁在秋天便成群结队地飞向温暖的南方。

在旅途中，雁群的飞行是很有规律的。领头雁多半是有经验的老雁，其余的在后排成"人"字形队伍飞行。

雁群为什么总排成"人"字形队伍飞行呢？原来大雁飞行的路程很长，它们除了靠扇动翅膀飞行之外，也常利用上升气流在天空中滑翔，使翅膀得到间断的休息空隙，以节省自己的体力。当雁群飞行时，前面雁的翅膀在空中划过，膀尖上会产生一股微弱的上升气流，后边的雁为了利用这股气流，就紧跟在前雁膀尖的后面飞，这样一个跟着一个，就排成了整齐的"人"字形队伍。

管理学家们将这种有趣的雁群飞翔阵势原理运用于管理学的研究，形象地称之为"雁阵效应"。

靠着团结协作精神，大雁才能完成长途迁徙。只有发挥领头雁的作用和团结协作，一个团体才是能走得更远的团体。

大雁在飞行时，领头雁是最累的。当领头雁感觉不能再承受时，便会退居二线，它后面的一只大雁便会自动顶替上，如此往复，让每只大雁都有机会当领头雁，整个队伍显得有活力。领头雁在飞行时，后面的大雁会整齐地发出叫声，以鼓励领头雁。

这给我们这样的启示：

一个团队要想前进，领头雁固然重要，下属的支持与鼓励也非常重要。作为部门的主管，在推行新的制度或要进行某种动向之前，先要让下面的员工充分地了解事情的来龙去脉和利害关系，使其方向明确、心悦诚服，才能在你的带领下快速前进。

作为主管，还要保持和提高自己的核心竞争力。这核心一是技术能力，二是管理能力。主管在进步，同时又以自己的标准来要求下属，用自己的经验、学识去教导下属。当下属的核心竞争力达到一定高度时，自己又上升到了一个新的高度。

如此良性循环，整个团队就会健康地成长。而反之，班长自己不进步，那其身后的团队也就无法进步，这样的团队就会走向败落，这样的主管也就不配做领头雁。这就是所谓的领导的速度就是众人的速度。

美国钢铁大王卡内基，是一名出色的"领头雁"。他原本是一个名不见经传的、对钢铁一窍不通的小工，是个实实在在的基层人。他成功的奥秘是善于利用人才的力量。他通过各种手段，网罗了一批优秀的技术人员到自己公司。早在创业初期，便有一个由50多名专家组成的智囊团为他出谋划策，破解生产经营中遇到的难题，点明企业发展的源泉所在、动力所在。正是在这股强大力量的融合和推动下，才催生出美国历史上第一个钢铁公司。

　　对于强者，我们要充分地发挥其能量；对于弱者，也不要轻易放弃，而是要尽力去帮助他、扶持他，使之尽快走到正确的轨道上来，从而使弱者变强，强者更强。日本的企业在激励员工的时候，很少直接奖励个人，而是奖励整个团队。因为他们觉得个人再能干，却只是单枪匹马，而不能将之用在提升整个团队的绩效上。那是个人英雄主义，而个人英雄主义一泛滥，那结果便是压制他人、提高自己、群雄并起、各自为政。

　　一个优秀的团体会尽力打造"飞雁"型团队，从而使团队的业绩有一个质的飞跃。

芬恩·基德兰德（1943-）

　　挪威经济学家，2004年诺贝尔经济学奖获得者，因在"经济政策的相容性和经济周期背后的驱动力"研究方面的杰出成就，而获诺贝尔经济学奖。主要论文有：《家庭生产与建筑时机的结合》、《货币总量与产出》、《内生货币供给与经济周期》、《作为规则的金本位》、《国际实际经济周期》等。

为什么
部下总是效率低下?

如果实际管理人员比最佳人数多两倍，工作时间就要多两倍，
工作成本就要多 4 倍；如果实际管理人员比最佳人数多 3 倍，
工作时间就要多 3 倍，工作成本就要多 6 倍。

　　西方国家流传着一个关于效率的著名笑话：

　　上周末，我去一间熟悉的西餐厅吃晚饭，发现餐厅内部刚装修过，
餐厅服务员的装束也有所改变。我发现服务员们上衣夹克的口袋里都多
放了一把勺子。于是我叫来相熟的亨利，向他打听最近的变化。

　　亨利告诉我，餐厅老板最近请了埃森哲公司做业务流程重组的咨询，
以改进餐厅的工作效率和服务质量。埃森哲的咨
询顾问经过两个礼拜的现场工作，发现
33.333％的餐桌在就餐过程中都会发生
一次勺子掉在地上的情况。而以往服
务员需要特意跑到厨房一次给客人换
干净勺子。如果在服务员的夹克口袋
里放一把备用勺，则他们不必单独跑
一次厨房，可以在下次上菜时顺路换
掉勺子，这样可以将服务员的劳动生
产率提高 17.365％。

　　正说着，我旁边的桌子响起叮当
一声：他们的勺子掉在地上了。只见

亨利从容地从口袋里拿出备用勺，及时给客人换上。看到这个场景，我对埃森哲公司的咨询建议相当佩服。

一个企业要想在激烈的竞争中立于不败之地，就必须千方百计地提高效率。然而，在现实生活中，效率低下的例子却也屡见不鲜。

如何在谈判中立于不败之地？

"奥狄思法则"告诉我们：在每一次谈判中，你都应该准备向对方作出让步，哪怕这种让步使你痛苦。

A君有两个下属C和D，C君还有两个下属E和F，同样D君也有两个下属G和H。有一天，A君嘱咐下属起草一个文件，E兄认为该文件是F兄管辖范围内的事，于是F兄就起草一个初稿。

初稿送到C先生那儿，C先生大加修改后送D先生会签。D先生本想把文稿交给G兄去办，不巧G兄请假不在，文稿转到H兄手里，H兄写上自己的意见，经D先生同意送还给C先生。C先生采纳了意见，修改了草稿，然后把修改稿送呈A君审阅。

A君怎么办呢？

本来他可以不加审查，签发了事，因为他的脑袋里装了许多其他问题。

他盘算到明年自己该接W君的班了，所以必须在C先生和D先生之间物色一位来接替自己；严格来说，G兄够不上休假条件，可是D君又批准他走了，H兄的健康状况不佳，脸色苍白，部分原因是闹家庭纠纷，也许本该让H兄休假才对；此外，A君要考虑F兄参加会议期间要求增发工资的事，还有E兄申请调往养老金部去工作的问题；A君还听说D先生爱上了一个女打字员，那可是个有夫之妇；G兄和F兄闹翻了，已经到了互不理睬的地步——谁也不知道是为了什么。

因此，当C先生把修改的文件送来的时候，A君本想签个字了事。同事们相互制造了矛盾，也给他制造了矛盾，重重矛盾扰得他心烦意乱，而起因无非就是因为有这么多大大小小的官员们的存在。

可A君呢，又是一个办事极为认真的人，他决不敷衍塞责。于是，他仔细阅读文稿，删去C先生和H兄加上的啰唆话，把稿子恢复到精明能干的F兄最初起草的样子，改了改文字——这些年轻人简直全不注意语法——最后定了稿。

这份定稿，假如说这一系列的官儿们根本就没有出生的话，A 君同样也是可以弄出来的。人多了，办同样的事花费的时间反而比过去更多了，谁也没闲着，人人都尽了最大的努力。

西方管理学中著名的"苟希纳定律"早就对这种现象作了透彻的分析：如果实际管理人员数量比最佳人数多两倍，工作时间就要多两倍，工作成本就要多 4 倍；如果实际管理人员数量比最佳人数多 3 倍，工作时间就要多 3 倍，工作成本就要多 6 倍。管理咨询公司人员人数少、工资高的例子，就是明证。

在一个充满竞争的社会里，一个企业要想长久地生存下去，就必须保持自己长久的竞争力。企业竞争力的来源在于用最小的工作成本换取最高效的工作效率，这就要求企业必须要做到用最少的人做最多的事。

因此，一个组织要想提高工作效率，就得辞退那些只会制造矛盾的冗员。只有找到适合组织的最佳管理人员，并在管理工作中贯彻下去，我们的组织才会成为一个高效的组织。

爱德华·普雷斯科特（1940–）

　　美国经济学家，"新商业周期理论之父"。与卢卡斯合作探讨了不确定性下的投资问题和无穷区间的价格存在性问题；和梅赫拉合作提出了金融理论的"风险溢价难题"。与霍德里克提出数据平滑处理的普雷斯科特滤波方法。2004年获诺贝尔经济学奖。

卡耐基
为什么判若两人?

如果一笔已经付出的开支无论作出何种选择都不能收回，具有理性的人只能忽略它，这种成本就称为"沉没成本"。

东汉时期，巨鹿人孟敏客居太原。有一天，他到集市上买了一口甑（古代的炊具），却不小心把甑掉在地上摔碎了。眼见那甑摔成碎片，孟敏却"不顾而去"，丝毫没有表现出惋惜和后悔的样子。旁边有个叫郭泰（东汉名士）的人，对孟敏的举动很是不解，"遂问其意"。孟敏答道："甑已破矣，视之何益?"

十年后，孟敏知名当世。

"堕甑不顾"的成语实际上和"沉没成本"说的是同样的道理。

"沉没成本"是个经济术语。如果一笔已经付出的开支无论做出何种选择都不能收回，具有理性的人只能忽略它，这种成本就称为"沉没成本"。美国经济学家斯蒂格利茨用了一个生活中的例子来说明什么是"沉没成本"。他说："假如你花7美元买了一张电影票，你怀疑这个电影是否值7美元。看了半小时后，你最担心的事被证实了：影片糟透了。你应该离开影院吗？在作这个决定时，你应当忽视那7美元。它是沉没成本，无论你离开影院与否，钱都不会再收回。"

处理"沉没成本"的理念：在作出决策时，不要考虑沉没成本。智慧是相通的。与中国古代的成语"堕甑不顾"类似，西方有一个著名的谚语："不要为打翻的牛奶哭泣。"这都是处理沉没成本的绝佳方式。对此，卡耐基受益终生。

卡耐基的事业刚刚起步的时候，他曾试着在密苏里州举办了一个成人教育班，成功后，他又迅速地在全国各大城市开设了许多分部，由于没有经验又疏于财务管理，在他投入了很多的资金用于广告宣传、租房、日常的各种开销之后，他发现虽然这种成人教育班的社会反响很好，但自己所取得的经济效益并不好，自己一连数月的辛苦劳动竟然没有什么回报，收入竟然刚够支出的，几个月下来自己是白忙活了。

卡耐基为此很是苦恼，他不断地抱怨自己的疏忽大意。这种状态持续了很长时间，他整日闷闷不乐，神情恍惚，无法将刚刚开始的事业进行下去。

后来，卡耐基只能去找他中学时的生理老师乔治·约翰逊，向他寻求心灵上的帮助，老师在听完卡耐基的话之后，真诚地对他说："是的，牛奶被打翻了，漏光了，怎么办？是看着被打翻的牛奶哭泣，还是去做点别的。记住被打翻的牛奶已成事实，不可能重新装回到瓶中，我们唯一能做的，就是吸取教训，然后忘掉这些不愉快。"

老师的话如醍醐灌顶，使卡耐基的苦恼顿时消失，精神也振作起来，他又重新投入到了他热爱的事业中来。

许多公司在明知项目前景不好的情况下，依然勉强维持该项目，原因仅仅是因为在此项目上已经投入了大量的成本。殊不知，世间的事情，并不是只要坚持到底就一定会胜利。为了追回"沉没成本"而继续追加投资，却常常导致更多的损失。

托马斯·克罗姆比·谢林（1921–）

美国经济学家，有限战争理论的奠基人之一。他通过博弈论分析，促进了人们对冲突和合作的理解。2005年获诺贝尔经济学奖。主要著作有：《国民收入行为》、《国防经济学》、《冲突的战略》、《战略与军备控制》、《军备及其影响》等。

如何在谈判中
立于不败之地？

在每一次谈判中，你都应准备向对方作出让步，哪怕这种让步使你痛苦。这被称为"奥狄思法则"。

一个人心高气傲从不肯让人。

一天，他走在街上，对面走来一个人没给他让路。他当然不肯让，于是两个人就这样面对面地僵持着。

过了很久，这个人的父亲来找他，着急地问他："你怎么在这儿站着，家里人等你买米回去做饭呢！"

"我不能走，这个人不给我让路！"

"那你去买米，我替你在这儿站着，看最后谁给谁让路！"

真是有其父必有其子。俗话说："退一步，海阔天空。"在商场中，互不相让而两败俱伤的案例比比皆是。相反，相互让步、相互妥协往往会实现双赢的局面。

对此，美国谈判专家 J.S.奥狄思提出：在每一次谈判中，你都应准备向对方作出让步，哪怕这种让步使你痛苦。这被称为"奥狄思法则"。

让步是一种重要的谈判手段，是以退为进的一种哲学。让步的技巧在于：

1.作好谈判前的准备。

谈判前，要对对方的情况作充分的调查了解，分析他们的强弱项，分析哪些问题是可以谈的，哪些问题是没有商量余地的；还要分析对于对方来说，什么问题是重要的，以及这笔生意对于对方重要到什么程度等等。同时也要分析自身的情况，列出一份问题单，要问的问题都要事先想好，否则谈判的效果就会大打折扣。

2.多听少说。

缺乏经验的谈判者的最大弱点是不能耐心地听对方发言，他们认为自己的任务就是谈自己的情况，说自己想说的话和反驳对方的反对意见。因此，在谈判中，他们总在心里想下面该说的话，不注意听对方发言，许多宝贵信息就这样失去了。他们错误地认为优秀的谈判员是因为说得多才掌握了谈判的主动。其实成功的谈判员在谈判时把50%以上的时间用来听。"谈"是任务，而"听"则是一种能力，甚至可以说是一种天分。"会听"是任何一个成功的谈判员都必须具备的条件。在谈判中，要尽量鼓励对方多说。

3.寻求共同点。

如果对方拒绝我们的条件，可以另换其他条件构成新的条件问句，向对方作出新一轮的发问。对方也可用条件问句向我方提问。双方继续磋商。

4.相互让步，达成妥协。

但要注意：第一，一次不能让步过大。如果买方一次就作大笔金额的让步，会因此引起卖方对价格的坚持。第二，没有得到某个交换条件，不要轻易让步。也就是说不要不经充分讨论就让步。第三，不要让步太快。你的要求可能很容易达到，对方可能有一套和你不同的价值标准。但不管在哪种情况下，太快接受对方的价格是错误的，这是谈判的大忌。

假设你代表一家医疗器械销售公司和某家大型医院洽谈业务，其中一款设备报价是 800 元，你可以将价格降到 720 元成交，因此你谈判的空间是 80 元。怎样让出这 80 元是值得探讨的。下面是几种常见的让步方式：

给出底线反遭怀疑步步紧逼让你难招架

80 元、90 元、100 元、110 元。

这种方法是一开始把所有的空间全部让出去，是极端愚蠢的。首先对方会认为你虚报价格才会轻易地让出如此之大的幅度，所以认为一定还有很大的让利空间，他还会在价格上继续步步紧逼，让你无法承受，导致谈判陷入僵局甚至破裂。即使达成了交易，对方也会怀疑你的诚意，从而影响到下一次的合作。

小额渗透不实际遭反感对手不买账

5元、15元、25元、35元。

开始，如此小的幅度对方肯定不会同意，会要求你再次让步，于是你分两步让出了15元和25元，但仍然被对方无情地拒绝了，为了避免谈判破裂和得到订单，你只能把最后的35元全部让给了对方。在你让出所有的谈判幅度后，你会如愿地拿到订单吗？这桩生意很难成交，道理很简单：在你每一次让步后，对方会觉得你在有意试探，诱骗价格且有失严肃，会造成对方对你的反感，形成心理戒备，即使你让出再多，对方也不高兴。

四平八稳落价格对手摸透规律更宰你

20元、20元、20元、20元。

从表面上看这是一种四平八稳的让步方式，每一次让步幅度都不大，谈判破裂的风险也较低。但实际上，在各种形式的让步中，任何两次相同的让步都是不可取的。对方虽然不知道你究竟能让多少，但却了解每次20元的让步规律，在你最后一次让步后对方还会期待下一个20元。

先大后小刺激求成欲望让对方觉得已砍到价格最底线

40元、20元、15元、5元。

第一次让步需要比较合理，要充分激起买方的谈判欲望。在谈判中期不要轻易让步，每一次让步幅度都要递减，并且要求买方在其他方面给予回报，最后的让步要让对方看出你异常艰难，认为你的让步幅度已经到了底线，最终导致双方取得双赢的交易。

田忌为什么
能在赛马中获胜？

田忌之所以能赢齐威王，是因为他懂得如何配置资源对自己
最有利。马还是那三匹马，只是稍微改变了出场的顺序，这
实质上是资源配置方式的改变，就完全颠覆了整个赛果。

　　齐国的将军田忌经常同齐威王赛马。他们赛马的规矩是：双方各下
赌注，比赛共设三局，两胜以上为赢家。从速度来说，齐威王的马明显
快于田忌的马。因此每次比赛，田忌总是输家。

　　有一天，田忌赛马又输给了齐威王。回家后，田忌把赛马的事告诉
了自己的下属孙膑。孙膑是军事家孙武的后代。他饱读兵书，深谙兵法，
足智多谋，到齐国后，很受田忌器重，被尊为上宾。孙膑听了田忌谈他
赛马总是失利的情况后，说："下次赛马你让我前去观战。"

　　又一次赛马开始了。孙膑坐在赛马场边上，饶有兴趣地看田忌与齐
威王赛马。第一局，齐威王牵出自己的上等马，田忌也牵出了自己的上
等马，结果跑下来，田忌的马稍逊一筹。第二局，齐威王牵出了中等马，
田忌也以自己的中等马与之对垒。第二局跑完，田忌的中等马也慢了几
步而落败。第三局，两边都以下等马参赛，田忌的下等马又未能跑赢齐
威王的马。看完比赛回到家里，孙膑对田忌说："我看你们双方的马，
若以上、中、下三等对等地比赛，你的马都相应地差一点，但悬殊并不
太大。下次赛马你按我的方法办，我保证你必胜无疑，你只管多下赌注
就是了。"

　　一天，田忌与齐威王的赛马又开始了。第一局，齐威王派出那头健
步如飞的上等马，孙膑却让田忌用下等马，第一局比完，自然是田忌的

马落在后面。可是到第二局形势就变了，齐威王派出中等马，田忌这边对以上等马，结果田忌的马跑在前面，赢了第二局。最后，齐威王只剩下了一匹下等马，当然被田忌的中等马甩在了后面。这一次，田忌以两胜一负的成绩而取得了赛马胜利。由于田忌按孙膑的嘱咐下了很大的赌注，所以一次就把以前输给齐威王的钱都赚了回来不说，还略有盈余。

这个简单的故事蕴涵着两个重要的现代经济学理论：资源的优化配置和信息不对称问题。

资源优化配置指的是能够带来高效率的资源使用，其着眼点在于"优化"，它既包括企业内部的人、财、物、科技、信息等资源的使用和安排的优化，也包括社会范围内人、财、物、科技、信息等资源配置的优化。田忌之所以能赢齐威王，是因为他懂得如何配置资源对自己最有利。马还是那三匹马，只是稍微改变了出场的顺序，这实质上是资源配置方式的改变，就完全颠覆了整个赛果。

在赛马中，孙膑除了知道所有马的速度快慢外，还知道齐威王的出马顺序，而这两方面信息是田忌取胜的关键，田忌和齐威王处于信息不对称状态。在现实生活中，很多博弈的双方处于非对称性信息状态下，例如在房地产市场，房产商对自己所开发房产质量、面积以及房价等信息的掌握相对于购房者来讲，处于绝对的优势；并且，房产开发商为了保持这种优势，甚至利用媒体向购房者提供有利于自己的虚假信息来加强自己在信息方面的优势地位，谁能在信息方面占优势，谁就能占尽先机。

一位老人临死前向他的朋友托孤。也许年纪大了难免有些糊涂，他对朋友说："我这个儿子并不聪明，但是我希望他能够成为世界银行的副总裁，洛克菲勒财团的董事，并成为总统的女婿。"他的朋友很为难，但是想到老人快走了，就答应了。

老人的朋友考虑了很久，终于想出了一个办法。他先找到了世界银行的总裁，对他说："我向您推荐一位年轻人。他是洛克菲勒财团的董事，并且即将成为总统的女婿，你愿意任命他为世界银行的副总裁吗？"世界银行总裁考虑了一下就答应了。

老人的朋友随后去找总统，自信地对总统说道："我非常荣幸地向您推荐这位年轻人，别看他年纪轻轻，但他现在已经是世界银行的副总裁，洛克菲勒财团的董事。您希望他成为您女儿的丈夫吗？"总统考虑一下答应了。

老人的朋友最后去找洛克菲勒财团的董事长，告诉他："我的这个年轻朋友，是世界银行的副总裁，并且即将成为总统的女婿，怎么样，你是否认为他有资格成为洛克菲勒财团的董事？"洛克菲勒财团董事长考虑了一下也答应了。

这个故事显然是虚构的，在真实生活中也并不存在可操作性，但是从中我们看到了"资源配置"的重要性。很多时候，强大的力量正是来自于各种资源的整合，有效的资源整合是一种高效率的工作方式，并能够使我们的工作进行得更为顺利。

埃里克·马斯金（1950-）

美国经济学家。埃里克·马斯金在现代经济学最为基础的领域里作出了卓越的贡献，其中包括公共选择理论、博弈论、激励理论与信息理论以及机制设计，培养了一大批活跃在世界各地的一流经济学精英。埃里克·马斯金博士以其深邃的理论贡献、严谨的治学态度以及对经济学高级研究人才培养的突出贡献，被誉当今国际经济学最受尊敬的经济学大师。2007年获诺贝尔经济学奖。

为什么
猴子都规规矩矩?

一旦人们作了某种选择,就好比走上了一条不归路,惯性的
力量会使这一选择不断自我强化,并让你轻易走不出去,生
活中的这种现象被称为"路径依赖"。

现代铁路两条铁轨之间的标准距离是四英尺又八点五英寸(1 英尺
=0.3048 米,1 英寸 =2.54 厘米)。你知道为什么采用这个标准吗?原来,
早期的铁路是由造电车的人所设计的,而四英尺又八点五英寸正是电车
所用的标准。

那么,电车的标准又是从哪里来的呢?

最先造电车的人以前是造马车的,所以电车的标准是沿用马车的轮
距标准。

马车为什么要用这样一个轮距标准呢?

原来英国马路辙迹的宽度是四英尺又八点五英寸,所以,如果马车
用其他轮距,它的轮子很快会在英国的老路上撞坏。

这些辙迹又是从何而来的呢?

从古罗马人那里来的。因为整个欧洲,包括英国的长途老路都是由
罗马人为其军队所铺设的,而四英尺又八点五英寸正是罗马战车的宽度。

任何其他轮距的车在这些路上行驶的话,轮子的寿命都不会很长。

可以再问,罗马人为什么以四英尺又八点五英寸为战车的轮距呢?

原因很简单,这是牵引一辆战车的两匹马屁股的宽度。

故事到此还没有结束。

美国航天飞机燃料箱的两旁有两个火箭助推器,因为这些助推器造

好之后要用火车运送，路上又要通过一些隧道，而这些隧道的宽度只比火车轨宽一点，因此火箭助推器的宽度是由铁轨的宽度所决定的。

所以，最后的结论是："路径依赖"导致了美国航天飞机火箭助推器的宽度，而这个宽度竟然是两千年前由两匹马屁股的宽度所决定的。

一旦人们作了某种选择，就好比走上了一条不归路，惯性的力量会使这一选择不断自我强化，并让你轻易走不出去，生活中的这种现象被称为"路径依赖"。

第一个使"路径依赖"理论盛名远扬的是道格拉斯·诺斯。他凭借"路径依赖"理论而成功地阐释了经济制度的演进，并于 1993 获得诺贝尔经济学奖。

诺斯认为，"路径依赖"类似于物理学中的"惯性"，事物一旦进入某一路径，就可能对这种路径产生依赖。这是因为，经济生活与物理世界一样，存在着报酬递增和自我强化的机制，这种机制使人们一旦选择走上某一路径，就会在以后的发展中得到不断的自我强化。

有一个著名的实验。有人将 5 只猴子放在一只笼子里，并在笼子中间吊上一串香蕉，只要有猴子伸手去拿香蕉，就用高压水教训所有的猴子，直到没有一只猴子再敢动手。

然后用一只新猴子替换出笼子里的一只猴子，新来的猴子不知这里的"规矩"，竟又伸出手去拿香蕉，结果触怒了原来笼子里的 4 只猴子，于是它们代替人执行惩罚任务，把新来的猴子暴打一顿，直到它服从这里的"规矩"为止。

试验人员如此不断地将最初经历过高压水惩戒的猴子换出来，最后笼子里的猴子全是新的，但没有一只猴子再敢去碰香蕉。

起初，猴子怕受到"株连"，不允许其他猴子去碰香蕉，这是合理的。

但后来人和高压水都不再介入，而新来的猴子却固守着"不许拿香蕉"的制度不变，这就是路径依赖的自我强化效应。

"路径依赖"理论被总结出来之后，人们把它广泛应用在生活的各个方面。在一定程度上，人们的一切活动都会受到"路径依赖"的可怕影响，人们过去作出的选择决定了他们现在可能的选择；人们关于习惯的一切理论都可以用"路径依赖"来解释。

沿着既定的路径，不管是经济、政治还是个人的选择都可能进入良性循环的轨道，迅速优化；也可能顺着原来错误的路径往下滑，甚至被"锁定"在某种无效率的状态下而导致停滞，而这些选择一旦进入锁定状态，想要脱身就会变得十分困难。

罗杰·B.迈尔森（1951-）

美国经济学家。博弈论大师。罗杰·B.迈尔森进一步发展的机制设计理论极大地加深了我们对在这种情况下优化分配机制属性和个人动机的解释以及私人信息的理解。这种理论使我们能区分市场运作良好的市场和运作不良的市场。它帮助经济学家确定有效的贸易机制、规则体系和投票程序。2007年获诺贝尔经济学奖。主要著作有：《博弈论：矛盾冲突分析》、《经济决策的概率模型》等。

为什么明知
亏损还继续做下去?

精明的企业,都会选择消费者持续钟情的产品,而更为精明
的企业则会选择网络外部性的产业。

英特尔的手机芯片事业曾经年营运亏损达 6.22 亿美元;英特尔通讯事业曾年整体营运亏损 8.5 亿美元,成为拖垮英特尔 ICG 营运的主要原因。然而英特尔执行副总裁暨 ICG 总经理坚称:英特尔决不会因为一次的失败,便放弃尝试,

类似的例子比比皆是。阿里巴巴公司早期一直处于亏损状态,以至于公司曾经号召为实现赢利 1 美元而努力。

为什么明知亏损还要继续做下去呢? 这还要先从经济学的外部性谈起。

有一句没有经过考证的鲁迅先生的名言: "我为什么要理发,我理发只是要你们看着舒服。"撇开这句话的其他意义不谈,它却是对经济学外部性最好的解释。一个消费者消费某种商品,不仅给自己带来效应,也给他人带来某种效应,这就是外部性(Externality)。当然,这种外部效应可能是正的,也可能是负的。比如,一个女士的香水的外部效应可以认为是正的,而一个家庭装修释放的废气的外部效应则是负的。

一般经济学意义上的外部性不仅包括消费过程,也包括生产过程。生产过程环境污染就是一种外部性,只不过这种外部性是负的,虽然生产者获得了利润,但是可能损害了整个社会福利。市场的流动性是外部性的最好例子,当市场上买者和卖者众多时,组合最多,市场的交易也最旺盛。

精明的企业都会选择消费者持续钟情的产品,而更为精明的企业则

会选择网络外部性的产业。

什么叫网络外部性？

"网络外部性"是"新经济"中的重要概念，是指连接到一个网络的价值，取决于已经连接到该网络的其他人的数量。通俗地说就是每个用户从使用某产品中得到的效应，与用户的总数量有关。用户人数越多，每个用户得到的效应就越高，网络中每个人的价值与网络中其他人的数量成正比。这也就意味着网络用户数量的增长，将会带动用户总所得效应的平方级增长。按照经济学家的说法就是，这个产品对于消费的价值随着消费者数量的增加而增加。如果只有你家有一部电话机，那么它对你是没有任何意义的；如果有足够的人有了电话机，这部电话机对你才有意义。如果处于这样一个行业，那么你就有了一个优越的条件：一旦消费者买了你的产品，就被你锁定，如果他要转移到其他的产业，成本会非常高。

如微软的操作系统软件就具有这样的优势。我们知道，软件是一个平台，一旦用了微软的产品之后，实际上就被它锁定。使用微软的人越多，人们就越愿意使用微软的软件，如果要转到其他软件会很困难。反过来说，这种情况就意味着其他软件供应商的生存很困难，这也就是网景公司惨遭失败的原因。在我们国内也是一样的，为什么 WPS 这个市场总上不去？它应该知道，处在这样一个行业，微软进入中国，一旦我们使用了微软的视窗和 Office，那么 WPS 就很难生存下去。因为没有人愿意冒这样的风险——选用一种命运不确定的软件。

在这种网络外部性产业中，商家和企业可以获得一种"赢家通吃"的局面，即一旦占有了市场，成为赢家，那么所有的市场都有可能被占领。而这就需要企业的技术创新和商家的手段，通过技术创新找到一个可以"锁定"市场的产品或产业。

莱昂尼德·赫维奇（1917–）

波兰裔美国经济学家。开始时兴趣主要是计量经济学，对动态计量模型的识别问题作出了奠基性的贡献。1947 年首先提出并定义了宏观经济学中的理性预期概念。其主要研究领域包括机制和机构设计以及数理经济学。最重要的研究工作是开创了经济机制设计理论。他曾于 1990 年凭借"对现代分散分配机制的先锋性研究"获得美国国家科学奖。2007 年获诺贝尔经济学奖。

怎样分粥最公平？

制度化是群体和组织的社会生活从特殊的、不固定的方式向
被普遍认可的固定化模式的转化过程，是群体与组织发展和
成熟的过程，也是整个社会生活规范化、有序化的变迁过程。

有一座庙里有七个和尚，生活很拮据。每天，他们只有一锅粥可以
分着吃。为了公平起见，七个和尚商量着如何分粥。

方案一：最初，七个和尚指定其中一人专门负责分粥，但是很快大
家就发现，这个和尚为自己分的粥最多。换了一个人，结果还是如此。

方案二：七个和尚选举了一个公正且品德高尚的人负责分粥。开始
这个人还能公平分粥，但不久他就开始为自己和溜须拍马的人多分。

方案三：七个和尚轮流分粥，每人一天。结果是每个人在一周里只
有一天吃得饱而且有剩余，其他六天都得挨饿。这样造成了资源浪费。

方案四：成立了一个分粥委员会和一个监督委员会，制定分粥细则
和监督机制。这样一来，公平基本上做到了，但是监督委员会和分粥委
员会经常就粥多粥少的问题争论不休，等分完粥，粥早就凉了。

方案五：最后，七个和尚决定每个人轮流负责分粥，分粥的那个人
必须最后一个取粥。他们发现，这样做，粥分得就公平多了。

分粥的故事和制度化有着密切的联系。

制度化是群体和组织的社会生活从特殊的、不固定的方式向被普遍
认可的固定化模式的转化过程，是群体与组织发展和成熟的过程，也是
整个社会生活规范化、有序化的变迁过程。有的社会学家在组织领域研
究制度化，把它作为组织变迁的一种方式；有的则侧重制度体系的完备。

为了加强管理，不少单位制定了一套又一套的制度，办公桌上摆的

是厚厚的制度汇编，墙上挂的是各种管理办法或规章制度，似乎时时处处都可以感觉到包罗万象的制度。但从实际效果看，却依旧存在着不少由于管理上的漏洞所带来的负面影响。比如，人员工作积极性低，没有效率，"干与不干一个样，干多干少一个样，干好干坏一个样"的现象依然存在；部门之间推诿扯皮，办事效率低下；个别领导凌驾于制度之上，不能率先垂范，在分配与晋升等重要事项上，还是一人说了算；贪污腐败、形式主义等时有出现，难以杜绝。

由此，制度虽然不少，实际上不但没有发挥出应有的作用，反而增加了内部掣肘。在笔者看来，存在这一问题的根本原因，就在于这些制度在设计之初就没有能够真正体现出公平公正，没有适用性和高效性，与自身的实际需要不相符合，从而体现不出制度对各种事项进行规范的内在作用。

"分粥理论"告诉我们："先进适用而高效化、公平公正而民主化、奖惩分明而激励化"的制度，是搞好内部管理的基础，我们需要根据自身实际而创新这样的制度。落后僵化、脱离实际、流于形式的制度安排，不但无助于提高工作效率，反而会成为日常管理中的一种枷锁和羁绊。

就拿上述故事来说，前四种分粥办法，或造成分粥不公平的结局，影响大家的积极性；或效率不高，在一件极简单的事情上浪费太多的精力；或给"掌勺者"以可乘之机，使其有以权谋私的机会。而唯有第五种方法，看似简单，实则适用，隐含了深刻的管理内涵，具有更宽广的适用性。

不同的制度安排，就会在制度出台以后随之形成不同的单位风气。一项好的管理制度，一定是在实际的运用过程中不断修订与创新，使其逐渐合理适用、清晰高效，既有利于简便操作，又能体现效果的公平性。

因此，适用的制度是根据自身实际的需要制定出来的，而不是照着别人生搬硬套制造出来的。它既要体现民主化、公正性，具有很强的针对性和适用性，同时还要体现奖惩分明的绩效原则，这样才能提高全体工作人员的积极性和创造性，做到"以奖扬长，以惩避短"。

保罗·克鲁格曼（1953 年 -）

美国经济学家。保罗·克鲁格曼是自由经济学派的新生代。克鲁格曼的主要研究领域包括国际贸易、国际金融、货币危机与汇率变化理论。他创建的新国际贸易理论，分析解释了收入增长和不完善竞争对国际贸易的影响。2008 年获诺贝尔经济学奖。

规模大了，
为什么效益却下降了？

内在经济是指一个厂商在生产规模扩大的时候，由自身的内部所引起的产量增加、效益提高的现象。同样，一个厂商由于本身的规模过大，规模不适度，而引起的产量减少、效益递减的现象被称做是内在不经济。

西晋灭亡后，中国的北方进入"五胡乱华"的时代。北方游牧民族之一——氐族的首领苻坚统一中原，建立前秦。383年冬天，苻坚亲率步兵60万、骑兵27万、羽林郎（禁卫军）3万，共90万大军从长安南下进攻长江以南的东晋政权，同时，苻坚又命梓潼太守裴元略率水师7万从巴蜀顺流东下，向建康进军。

近百万行军队伍前后千里，旗鼓相望。东西万里，水陆齐进。苻坚骄狂地宣称："以吾之众旅，投鞭于江，足断其流。"

与此同时，面对气势汹汹的苻坚，东晋的统帅谢玄只能集结8万军队。可淝水之战的结果却是苻坚遭遇到了惨败。

原来，谢玄发现了秦军民族众多，信息不灵，离心力强的弱点，先写信给苻坚，建议对方后撤，自己的军队过河以决一死战。这正中苻坚下怀，苻坚自然满口应允。原来他想乘晋军泅渡时来个突然袭击。可他万万没想到谢玄早已派出一支小部队渡河抄到了秦军队的后面，等到苻坚下令撤退时立即用各种语言大喊："苻坚败了，快逃啊！"由于秦军连绵数十里，后面的军队见前方旗帜后移，就信以为真，于是一哄而散。晋军趁势攻击，大获全胜。苻坚甚至看到草木摇动都以为是晋军的追兵。

苻坚失败的原因在于军队规模太大，导致内在不经济。

"内在不经济"是经济学术语——内在经济的反义词。内在经济是指一个厂商在生产规模扩大的时候，由自身的内部所引起的产量增加、效益提高的现象。同样，一个厂商由于本身的规模过大，规模不适度而引起的产量减少、效益递减的现象被称做是内在不经济。

引起内部经济的原因有很多，比方说，应用先进的技术，同时引入先进的设备，提高员工素质，实行专业化生产，引进具有高水平的管理人才，提高管理效率，也可以对一些副产品充分利用，变废为宝，创新思维，还有生产要素的购买，和对产品的销售都是引起企业内在经济的因素，因此要充分考虑这些因素。

通常公司在进入某个行业时需要达到一定规模后，单位生产成本才会下降，形成竞争力，但如果规模继续扩大，有可能会让单位生产成本抬头，如必须新增大量人工成本、增加营销管理费用来支撑更大的销售规模，以及由于需求走高导致原材料供给出现紧张导致采购价格上涨等。在实际情况中，规模经济递减的现象出现不多，大多数行业和公司仍是以追求规模经济效应为主，来降低成本。

一个厂商和一个行业的生产规模不能过小，也不能过大，即要实现适度规模。对一个厂商来说，就是两种生产要素的增加应该适度。

　　适度规模就是使两种生产要素的增加，即生产规模的扩大正好使收益递增达到最大。当收益递增达到最大时就不再增加生产要素，并使这一生产规模维持下去。

　　对于不同行业的厂商来说，适度规模的大小是不同的，并没有一个统一的标准。在确定适度规模时应该考虑的因素主要是：

1. 本行业的技术特点

　　一般来说，需要的投资量大，所用的设备复杂先进的行业，适度规模也就大；相反，需要的投资少，所用的设备比较简单的行业，适度规模也就小。

2. 市场条件

　　一般来说，生产市场需求量大，而且标准化程度高的产品的厂商，适度规模也就应该大；相反，生产市场需求量小，而且标准化程度低的产品的厂商，适度规模也应该小。

艾伦·格林斯潘（1926–）

　　天才的银行家。1987 年 8 月被里根总统任命为联邦储备委员会主席。之后连续五次担任美国联储局局长。1998 年 7 月，格林斯潘被授予美国"和平缔造者"奖。2002 年 8 月，英国女王授予格林斯潘"爵士"荣誉称号，以表彰他对"全球经济稳定所作出的杰出贡献"。

谁该为
滑铁卢战役埋单？

在一个等级制度中，每个职工趋向于上升到他所不能胜任的
地位。每一个职工由于在原有职位上工作成绩表现好（胜
任），就将被提升到更高一级职位；其后，如果继续胜任则将
进一步被提升，直至到达他所不能胜任的职位。

　　滑铁卢之战是一代军事天才拿破仑的最后一战，也是他一生中唯一
一场完败之战。关于此战失败的原因，除了拿破仑自身的因素外，大多
数历史学家都把其归于法军副统帅格鲁西元帅和总参谋长苏尔特元帅的
不称职。

　　格鲁西和苏尔特是何许人物？为何他们也要承担失败的责任？

　　1815 年 6 月 18 日上午 11 时，战火纷飞的滑铁卢战场。法军主帅拿
破仑和英军主帅惠灵顿公爵都在焦急地等待援军的到来。布吕歇尔元帅
率领普鲁士大军长途跋涉加入英军阵营，而近在几英里之外的法军元帅
格鲁西却迟迟不露面。千钧一发的时刻，格鲁西为什么不增援呢？原来
他战前接到的命令是——追击撤退的普鲁士军队。

　　联军发动猛烈反攻，法军在顷刻之间瓦解了，拿破仑战无不胜的神
话就此灰飞烟灭。具有讽刺意味的是，法军诸部中唯一保持完整的是格
鲁西的部队，他把拿破仑分给他的三万大军完整地带回了法国。

　　而作为总参谋长的苏尔特元帅，也是不称职的。第一次担任此职的
苏尔特，尽管于 18 日晨及时提醒了拿破仑调回格鲁西部，也有一些好的
建议，但其参谋部的组织却是千疮百孔。法军在里尼、滑铁卢一再不知
敌情。在里尼，参谋部竟不知普军右翼远处有 2 万英军，在内伊被牵制

时，也没有及时命令其以主力投入主战场。而 6 军团竟因驻地远，调动迟，而未能赶到。在滑铁卢，参谋部既不知普军来援，也不知格鲁西的去向。

格鲁西从军 20 年，参加过从西班牙到俄国，从尼德兰（即荷兰）到意大利的各种战役，从普通士兵到元帅，格鲁西可谓老实可靠、循规蹈矩。有学者认为，拿破仑的用人战术才是最主要的原因。对不幸的格鲁西和苏尔特来说，也许他们唯一的错误就是接受了一个自己无法胜任的职位。

其实，这也不能完全责怪格鲁西。这完全是一种叫做彼得原理的社会心理原理在悄悄地起作用。

彼得原理（The Peter Principle）是美国学者彼得根据千百个有关组织中不能胜任的失败实例的分析而归纳出来的。其具体内容是："在一个等级制度中，每个职工趋向于上升到他所不能胜任的地位"。彼得指出，每一个职工由于在原有职位上工作成绩表现好（胜任），就将被提升到更高一级职位；其后，如果继续胜任则将进一步被提升，直至到达他所不能胜任的职位。

人们总是以为爬得越高就代表越好，可是环顾四周，我们看到，这种盲目往上爬的牺牲者比比皆是。比如一名在学术上具有突出成就的教授被提拔为大学校长后，会极有可能不能胜任新的工作而茫然；一位运动员被提升为主管体育的官员后，没有一丝作为；一名作家被提升为主管文化的官员，结果失去了自我。

由此可以解释政府为什么效率不高。

为了便于分析，我们把员工分成三级：胜任、适度胜任以及不胜任。

奥克曼是莱姆汽修公司的杰出技师，他对目前的职位相当满意，因为不需要做太多方面的工作。因此，当公司有意提升他做行政工作时，他想予以回绝。

奥克曼的太太艾玛是当地妇女协进会的活跃会员，她鼓励先生接受升迁机会。如果奥克曼升官，全家的社会地位、经济能力也会各晋一级。

如此一来，她就可以出马竞选妇女协进会的主席，也有能力换部新车、添购新装，还可以为儿子买辆迷你摩托车了。

奥克曼并不情愿用目前的工作去换办公室里枯燥乏味的工作。但在艾玛的劝说与唠叨之下，他终于屈服了。升任六个月之后，奥克曼得了胃溃疡，医生告诫他必须滴酒不沾。艾玛也开始指责奥克曼和新来的秘书有染，并且把失去主席头衔的责任全部推到他身上。奥克曼的工作时间冗长不堪，但却毫无成就感，因此下班回家后就脾气暴躁。由于彼此不停地指责，奥克曼夫妇的婚姻彻底失败了。

我们除了全方位、多角度，冷静、理智、客观地认识和评价自己外，还要不断吸取书中和生活、工作中珍贵的阳光雨露，用智慧来充实自己，以便于能够胜任目前和未来的工作。

阿尔文·汉森（1887–1975）

美国经济学家。他发展了英国经济学家希克斯提出的 IS–LM 模型，被称为希克斯—汉森交叉图。与弟子萨缪尔森提出了解释经济周期的乘数—加速数原理模型，又称为汉森—萨缪尔森模型。美国最早的凯恩斯主义者、新古典综合派的奠基人。主要著作有：《财政政策与商业循环》、《经济政策与充分就业》、《凯恩斯学说指南》等。

第 8 章

历史中的经济奥秘

曾子为什么杀猪?

如果假母亲足够聪明,所罗门该怎么办?

猴子为什么喜欢朝三暮四?

为什么"鸡鸣狗盗之徒"不可忽视?

为什么说中国历史上的巅峰王朝是宋朝?

为什么人死了画才值钱?

哥伦布为什么要发现新大陆?

曾子为什么杀猪？

正外部性是某个经济行为个体的活动使他人或社会受益，而受益者无须花费代价，负外部性是某个经济行为个体的活动使他人或社会受损，而造成外部不经济的人却没有为此承担成本。

一天，曾子的妻子要去赶集，孩子哭着嚷着要和母亲一块儿去。于是母亲骗他说："乖孩子，待在家里等娘，娘赶集回来给你杀猪吃。"

孩子信以为真。他一边欢天喜地地跑回家，一边喊着："有肉吃了，有肉吃了。"

孩子一整天都待在家里。村子里的小伙伴来找他玩，他都拒绝了。他靠在墙根下一边晒太阳一边想象着猪肉的味道，心里甭提多高兴了。

傍晚，孩子远远地看见娘回来了，于是一边三步并作两步地跑上前去迎接，一边喊着："娘，娘，快杀猪，快杀猪，我都快要馋死了。"

曾子的妻子说："一头猪顶咱家两三个月的口粮呢，怎么能随随便便就杀猪呢？"孩子"哇"地一声就哭了。

曾子闻声而来，知道了事情的真相以后，二话没说，转身就回到屋子里。

一会儿，他举着菜刀出来了，曾子的妻子吓坏了，因为曾子一向对孩子非常严厉，以为他要教训孩子，连忙把孩子搂在怀里。哪知曾子却径直奔向猪圈。

妻子不解地问："你举着菜刀跑到猪圈里干啥？"

曾子不假思索地回答："杀猪。"

妻子听后扑哧一声笑了："不过年不过节的，杀什么猪呢？"

曾子严肃地说："你不是答应过孩子要杀猪给他吃的吗？既然答应

了就应该做到。"

妻子说："我只不过是骗骗孩子，和小孩子说话何必当真呢？"

曾子说："对孩子就更应该说到做到了，不然，这不是明摆着让孩子学家长撒谎吗？大人都说话不算话，以后有什么资格教育孩子呢？"

曾子的做法是正确的。试想如果曾子不杀猪，儿子感觉受到了欺骗，他也会逐渐地欺骗父母，进而欺骗他人甚至给社会造成伤害。这与经济学中的外部性是相通的。

外部性指由于市场活动而给无辜的第三方造成的成本。或者换种说法：外部性就是指社会成员（包括组织和个人）从事经济活动时，其成本与后果不完全由该行为人承担，也即行为举动与行为后果的不一致性。从经济学角度分析，任何经济活动都会对外部产生影响。例如发展林业，植树造林会改善环境；发展汽车制造业会产生废气污染。前一个例子属于正外部性，后者则属于负外部性。

正外部性是某个经济行为个体的活动使他人或社会受益，而受益者无须花费代价，负外部性是某个经济行为个体的活动使他人或社会受损，而造成外部不经济的人却没有为此承担成本。

外部性扭曲了市场主体成本与收益的关系，会导致市场无效率甚至失灵，而负外部性如果不能够得到遏制，经济发展所赖以存在的环境将持续恶化，最终将使经济失去发展的条件。而这恰恰是当前中国经济发展所不得不面对的残酷现实：我们国家的钢铁产量居世界第一位，却消耗了世界上最多份额的原材料，被污染了的环境持续多年难以得到根本的改善，换来的却是仅占世界国内生产总值 4% 的份额。

外部性对我国经济的可持续发展造成了极大的危害。到底该如何解决外部性问题呢？大体说来，解决外部性的基本思路有：

让外部性内部化，即通过制度将经济主体经济活动所产生的社会收益或社会成本，转为私人收益或私人成本，即将技术上的外部性转为金钱上的外部性，在某种程度上强制实现原来并不存在的货币转让。

典型的办法有：征税与补贴

对负的外部性征收税负，正的外部性给予补贴。征税可以抑制产生负的外部性的经济活动；补贴可以激励产生正的外部性的经济活动。

经济的外部性问题与我们每一个人都密切相关，与我们的可持续发展密切相关。关注经济的外部性，维护市场的公平与效率，是政府重要的职责所在。一句话，经济的外部性问题得不到解决，科学发展观就不可能得到最终落实。

艾尔弗雷德·马歇尔（1842—1924）

当代经济学的创立者，现代微观经济学体系的奠基人，剑桥学派和新古典学派的创始人，19 世纪末 20 世纪初英国乃至世界最著名的经济学家。主要著作有：《一般物价波动的补救措施》、《经济学原理》、《产业与贸易》、《货币、信用与商业》、《艾尔弗雷德·马歇尔纪念集》、《马歇尔官方文献集》等。

如果假母亲足够聪明，所罗门该怎么办？

机制设计理论可以看做是博弈论和社会选择理论的综合运用，简单地说，假设人们的行为是按照博弈论所刻画的方式，并且按照社会选择理论对各种情形都设定一个社会目标，那么机制设计就是考虑构造什么样的博弈形式，使得这个博弈的解释最接近那个社会目标。

《圣经》上所罗门王巧妙揭露假母亲的故事众所周知。

两个女人抱着一个男婴来到所罗门王跟前，要求他评判到底谁是孩子真正的母亲。所罗门王见她们争执不下，便喝令侍卫拿一把剑来，要把孩子劈成两半，一个母亲一半。这时其中一个女人说："大王，不要杀死孩子。把孩子给她吧，我不和她争了。"

所罗门王听了却说："这个女人才是真的母亲，把孩子给她。"

这个关于所罗门王的睿智的故事在流传了两千年后，有好吹毛求疵的经济学家跳出来说，故事中的假母亲是不够聪明的，如果她和真母亲说同样的话，那所罗门王该怎么办呢？

当然，仅仅会责问别人还不是好样的，我们的经济学家才是有备而来。机制设计理论及其一个主要部分执行理论几乎是完美地回答了这个问题。

机制设计理论是最近二十年微观经济领域中发展最快的一个分支，在实际经济中具有很广阔的应用空间。瑞典皇家科学院 2007 年 10 月 15 日在斯德哥尔摩宣布，将 2007 年诺贝尔经济学奖授予美国明尼苏达大学经济学教授莱昂尼德·赫维奇、新泽西普林斯顿高等研究院教授埃里克·马斯金以及芝加哥大学经济学教授罗杰·迈尔森，以表彰他们为"机制设计理论（Mechanism Design Theory）奠定了基础"。为此，他们将共同获得价值 1000 万瑞典克朗（约合 154 万美元）的奖金。

机制设计理论可以看做是博弈论和社会选择理论的综合运用，简单地说，假设人们的行为是按照博弈论所刻画的方式，并且按照社会选择理论对各种情形都设定一个社会目标，那么机制设计就是考虑构造什么样的博弈形式，使得这个博弈的解释最接近那个社会目标。

机制设计理论和所谓的信息经济学也几乎是一回事，只不过后者有不同的发展线索，但毫无疑问所有信息经济学成果都可以在机制设计的框架中处理。

现在我们回到所罗门王问题上。显然，所罗门王不知道谁是真母亲（计划者不知道博弈者的个人信息，这是几乎所有机制设计问题都坚持的一个假设，否则问题退化为一个简单的优化问题，他可以强迫执行），但他知道真母亲比假母亲赋予孩子更高的价值，真假母亲也都知道这一点，并且这是一个普遍常识，即她们都知道每个人都知道这一点，她们都知道每个人都知道每个人都知道这一点，以至无穷。换言之，她们进行的是完全信息博弈。

所罗门王可以向其中任一母亲（姑且称其为安娜）提问孩子是不是她的。如果安娜说不是她的，那么孩子给另一个女人（可称其为贝莎），博弈结束。如果安娜说孩子是她的，那么所罗门王可以接着问贝莎是否反对。如果贝莎不反对，则孩子归安娜，博弈结束。如果贝莎反对，则所罗门王就要她提出一个赌注，然后向安娜收取罚金。比较罚金和赌注，如果罚金高于赌注，则孩子给安娜，她只须交给所罗门王赌注那么多钱，而贝莎要交给他罚金的钱；如果罚金比赌注低，则孩子给贝莎，她给所罗门王赌注的钱，安娜的罚金也归他。

读者可以很容易地推出，在安娜是真母亲的情形下，她的策略是说孩子是她的，然后贝莎不反对。因为她反对的结果只会导致她要多交钱，因为安娜为了得到孩子并避免白白给出罚金，必然会真实地根据孩子对她的价值拿出罚金。在安娜是假母亲的情形下，她的策略是承认孩子不是她的，因为如果她说孩子是她的，贝莎必然会反对，并且贝莎为了得到孩子并少付钱，一定会真实出价，而安娜只有出高出孩子对她的真正价值的钱才会得到孩子，可这就不合乎她的偏好了。

　　当然，在假母亲具有妒忌型效用函数时，上述机制就无效了。她可以出很多钱得到一个并不物有所值的东西，只因为这样损害了别人。这种损人不利己的行为，相信大家都知道是很让人头痛的（这就是为什么开头说机制设计几乎完美解决这个问题的原因）。相反，即使她再有钱，只要是一个正常的利己主义者，而机制设计者又是依法办事的，那么问题依然好办。

阿瑟·塞西尔·皮古（1877–1959）

　　英国著名经济学家，剑桥学派马歇尔的学生，被视为剑桥学派正统人物及主要代表。他由于《财富与福利》（后称《福利经济学》）一书而被西方经济学界奉为"福利经济学之父"。主要著作有：《工业和平原理和方法》、《财富与福利》、《失业理论》、《凯恩斯"通论"的回顾》等。

猴子
为什么喜欢朝三暮四?

"框架效应"的手法广告经常被用到。商家就是利用这种手段，通过一系列微妙的表达方式，将"框架效应"作用于受众的选择，影响受众的判断力，使受众的选择行为朝着有利于商家的方向发展。这在经济活动是一项重要的策略。

战国时，宋国有一个老人，他在院子里养了许多猴子。日子一久，这个老人和猴子竟然能沟通讲话了。

这个老人每天早晚都分别给每只猴子四颗橡子。几年后，老人的经济状况越来越差了，而猴子的数目却越来越多，所以他就想把每天的橡子由八颗改为七颗，于是他就和猴子们商量说："从今天开始，我每天早上给你们三颗橡子，晚上还是照常给你们四颗橡子，不知道你们同不同意。"

猴子们听了，都认为早上少了一个，于是一个个就开始"吱吱"大叫，而且还到处跳来跳去，好像非常生气似的。

老人一看到这个情形，连忙改口说："那么我早上给你们四颗，晚上再给你们三颗，这样该可以了吧?"

猴子们听了，以为早上的橡子已经由三个变成四个，跟以前一样，就高兴地在地上翻滚起来。

其实，并非猴子们如此，人类同样如此。同一件事，只要改变一下表达方式，给听者、作决定的人的感觉就会有所不同，就会导致这些人在选择、行动上产生差异，这种现象称做"框架效应"。

2002 年诺贝尔经济学奖得主、心理学家卡纳曼（Kahneman）带给人们一个"前景理论"。他在诺贝尔奖颁奖仪式的演说中,特地谈到了一位华人学者的研究成果,他就是奚恺元教授。奚教授用心理学来研究经济学、市场学、决策学等学科的问题,是这一领域的权威学者。奚教授于1998年发表了著名的冰激凌实验。

一杯冰激凌 A 有 7 盎司(一盎司≈28.35克),装在 5 盎司的杯子里面,看起来满满的;另外一杯冰激凌 B 是 8 盎司,但是装在 10 盎司的杯子里,所以看起来冰激凌装得不满。客观来讲,哪一杯冰激凌更好呢?按照传统经济学的理论,如果说人们喜欢冰激凌,那么 8 盎司的冰激凌比 7 盎司的多,如果人们喜欢杯子,那么 10 盎司的杯子比 5 盎司的杯子大,所以不管从哪个角度来说,传统经济学都认为人们愿意为冰激凌 B 支付更多的钱。但是试验表明,在分别判断的情况下(也就是人们不能把这两杯冰激凌放在一起比较),人们反而愿意为冰激凌 A 多付钱。平均来讲,人们愿意花 2.26 美元买冰激凌 A,却只愿意用 1.66 美元买冰激凌 B。这就是说,如果这两杯冰激凌都标价 2 美元,那么人们情愿选择冰激凌 A。

这是为什么呢?原因在于人们在作决策的时候,通常不是像传统经济学那样判断一个物品的真正价值,而是根据一些比较容易评价的线索来判断。在这个实验中,人们就是根据冰激凌到底满还是不满来决定给不同的冰激凌支付多少钱。这种行为导致的一个结果就是人们有可能在一个差的物品上花费更多的钱。

比如,在加油站 A,每升汽油卖 5.6 元,但如果以现金的方式付款可以得到每升 0.6 元的折扣;在加油站 B,每升汽油卖 5.0 元,但如果以信用卡的方式付款则每升要多付 0.6 元。显然,从任何一个加油站购买汽油的经济成本是一样的。但大多数人认为:加油站 A 要比加油站 B 更吸引人。因为,与从加油站 A 购买汽油相联系的心理上的不舒服比与从加油站 B 购买汽油相联系的心理上的不舒服要少一些。因为,加油站 A 是与某种"收益"(有折扣)联系在一起的,而加油站 B 则是与某种"损失"(要加价)联系在一起的。

研究发现:上述差异的原因是,当衡量一个交易时,人们对于"损失"的重视要比同等的"收益"大得多。因此，企业在进行价格定价或促销时，应该将之与"收益"而不是"损失"联系在一起，从而有效激励消费者的购买行为。

又如某段减肥广告有以下两种不同表达方式的宣传：

一是：在采用 A 方法进行减肥的人群当中，有 30% 的人取得了减肥效果"。

二是：采用 B 方法进行减肥的人群中，有近 60% 的人完全没有取得减肥效果。

对于这两种表达方式，多数消费者的感觉是 A 方法更有效。实际上，冷静考虑后就能发现，用 B 方法减肥的人群中，总人数减去 60% 没有效果的人群，其实就是"40% 的人群有效"。如果把 B 方法的表达方式改成"在采用 B 方法进行减肥的人群中，有 40% 的人取得减肥效果"，那么人们会认定 B 方法更有效。

从这个例子可以看到，之所以会产生这样的差异，就在于我们更倾向于关注"有效果"这样肯定的表达方式。人们一看到"没有效果"这一否定的表达方式，就会感觉，"哦，原来是没有效果的"，就会对广告失去兴趣。因此，广告中要宣传某个物品的效果，肯定都是使用正面的积极的字眼来表达。

"框架效应"的手法在广告中经常被用到。商家就是利用这种手段，通过一系列微妙的表达方式，将"框架效应"作用于受众的选择，影响受众的判断力，使受众的选择行为朝着有利于商家的方向发展。这在经济活动中是一项重要的策略。

埃德温·坎南（1861－1935）

英国经济学家，"正统经济学家"、伦敦学派的奠基者和领袖、适度人口论的奠基人。主要著作有：《初级政治经济学》、《1776－1848 年英国政治经济学中生产与分配理论史》、《国富论》（编校）、《货币：与价格升降的联系》、《经济大恐慌》等。

为什么
"鸡鸣狗盗之徒"不可忽视？

将表面上无用或是看似吃亏的某种行为，当成一种资本投入，以谋取将来可能获取的收益，这就是投资。如果没把握住投资机会，投资收益就无从谈起。

战国时，齐国的孟尝君喜欢招纳各种人做门客，号称门客三千。他对门客是来者不拒，有才能的让他们各尽其能，没有才能的也提供食宿。

有一次，孟尝君率领众门客出使秦国。秦昭王将他留下，想让他当相国。孟尝君不敢得罪秦昭王，只好留下来。不久，大臣们劝秦昭王说："留下孟尝君对秦国是不利的，他出身贵族，在齐国有封地，有家人，怎么会真心为秦国办事呢？"秦昭王觉得有理，便改变了主意，把孟尝君和他的手下软禁起来，只等找个借口杀掉。

秦昭王有个最受宠爱的妃子，只要妃子说一，昭王绝不说二。孟尝君派人去求她救助。妃子答应了，条件是拿齐国那一件天下无双的狐白裘（用白色狐狸的皮毛做成的皮衣）做报酬。这可叫孟尝君为难了，因为刚到秦国，他便把这件狐白裘献给了秦昭王。就在这时候，有一个门客说："我能把狐白裘找来！"说完就走了。

原来这个门客最善于钻狗洞偷东西。他先摸清情况，知道秦昭王特别喜爱那件狐白裘，一时舍不得穿，放在宫中的精品贮藏室里。他便借着月光，逃过巡逻人的眼睛，轻易地钻进贮藏室把狐白裘偷出来了。妃子见到狐白裘高兴极了，想方设法说服秦昭王放弃了杀孟尝君的念头，并准备过两天为他饯行，送他回齐国。

　　孟尝君可不敢再等两天，立即率领手下连夜偷偷骑马向东快奔。到了函谷关（在现在河南省灵宝市东北王垛村，当时是秦国的东大门）正是半夜。按秦国法规，函谷关每天鸡叫才开门，半夜时分，鸡怎么可能叫呢？大家正犯愁时，只听见几声"喔，喔，喔"的雄鸡啼鸣，接着，城关外的雄鸡都打鸣了。原来，孟尝君的另一个门客会学鸡叫，而鸡是只要听到第一声啼叫就会立刻跟着叫起来的。怎么还没睡实鸡就叫了呢？守关的士兵虽然觉得奇怪，但也只得起来打开关门，放他们出去。

　　天亮了，秦昭王得知孟尝君一行已经逃走，立刻派出人马追赶。追到函谷关，人家已经出关多时了。

　　孟尝君靠着鸡鸣狗盗之徒逃回了齐国。

　　在现代经济学中，可将鸡鸣狗盗故事中收养门客的这一做法解释为一项投资，有了这项投资，将来才有可能获得收益。

　　用经济学的语言来讲应是这样：将表面上无用或是看似吃亏的某种行为，当成一种资本投入，以谋取将来可能获取的收益，这就是投资。如果没把握住投资机会，投资收益就无从谈起。

　　投资这个词在金融和经济方面有数个相关的意义。它涉及财产的累积以求在未来得到收益。技术上来说，这个词意味着"将某物品放入其他地方的行动"。从金融学角度来讲，相较于投机而言，投资的时间段更长一些，更趋向在未来一定时间段内获得某种比较持续稳定的现金流收益，是未来收益的累积。

　　判断一项投资究竟有无价值，不能仅从最后获取的利益来考虑。正确的判断方法是，比较收益与投入费用。

　　从历史上看，收益概念最早出现在经济学中。

　　1946年，英国著名经济学家J.R.希克斯在《价值与资本》中，把收益概念发展成为一般性的经济收益概念。他认为，计算收益的实际目的，是为了让人们知道不使他们自己变贫穷的情况下可以消费的金额。据此，他下了一个普遍得到认同的定义："在期末、期初保持同等富裕程度的前提下，一个人可以在该时期消费的最大金额。"希克斯的定义虽然主要是针对个人收益而言的，但对企业也同样适用。就企业来说，按照这一

鸡鸣—

狗盗—

定义，可以把企业收益理解为：在期末和期初拥有同样多的资本前提下，企业成本核算期内可以分配的最大金额。

从"鸡鸣"、"狗盗"两个人身上，孟尝君也算获得了投资收益。但这几千个门客当中，肯定也有成天大吃大喝、懒惰昏睡之徒，没有任何贡献。如对孟尝君门客的投资收益进行评估，就应把这些没有贡献的门客也算进去。

所谓幸运儿，即从投资中偶然得到收益的人。所谓明智者，就是尽量提高自己成为幸运儿概率的人。

对孟尝君来讲，自己去秦国可以看做一个大投资，但他没考虑到被软禁的可能性，这是他在风险管理上的失败。不过，即使是一项万无一失的投资，也可能因为意外事件而失败。

安东尼·奥古斯丁·库尔诺（1801–1877）

法国经济学家、数学家，数理经济学的创始人。指出统计学的目的是协调各项观察，以确定除去偶然因素的影响之外的数字关系和显示出正常原因的作用。主要著作有：《关于财富理论之数学原理研究》。

为什么说中国
历史上的巅峰王朝是宋朝?

国家的收入和支出就是财政。财政是国家凭借政治权力而进行的社会产品的分配。财政的本质是一种分配关系,是一种以国家为主体、在社会范围内集中配置资源的分配关系。财政收入是指国家财政参与社会产品分配所取得的收入,它是实现国家职能的财力保证。

《大英百科全书》记载:"中国封建王朝的顶峰是宋朝而不是唐朝。宋朝是中国历史上经济最为繁荣、科技最为发达、文化最为长生、艺术最为高深、人民生活最为富裕的朝代。"

为什么《大英百科全书》会有如此的结论呢?

北宋中后期的财政收入一般年份也可达 8000 万贯～9000 万贯,即使是失去了半壁江山的南宋,财政收入也高达 1000 万贯。这是一个什么样的概念呢?我们用其他的数字比较一下就知道了。

明隆庆五年(1571 年),国家岁入白银 250 万两。张居正改革之后的万历二十八年(1600 年),岁入白银 400 万两(虽然张居正死后人亡政息,但相对在财政上的改革被破坏得较少,而且此时距张去世仅十几年,估计这个数目比张居正当政时期的岁入也少不到哪里去)。

明末天下大乱,在后金和农民起义的两面夹击下,明政府先后增加了辽饷、剿饷和练饷的征收,即著名的"三饷加派",结果弄得民怨沸腾,烽烟四起。那么这种为时人评为"饮鸩止渴"的做法为国家带来了多少收入呢?大概每年 1000 万两左右。也就是说此时明朝一年的财政总收入大约是 1500 万两白银左右。如果我们认为银钱的一般兑换率为 1 两

白银 = 1 贯铜钱的话，那么朝万历二十八年的财政收入仅仅是北宋的 1/20，不到南宋的 1/4，尽管这已经是南宋灭亡的 300 多年之后，尽管明朝的疆域要远远大于宋朝。

清朝的财政状况比明朝要好一些，国家初定的顺治七年（1650 年）岁入 1485 万两。咸丰年间（1851 年前后），岁入约为 3000 万两 ~ 4000 万两。数量仍然远远小于 600 年前的宋朝，而此时中国的人口已经超过 3 亿，估计为宋朝人口的 2~3 倍以上。

直到清朝末年，国家岁入才达到了宋朝的水平（由于兑换率等方面原因，可能会对宋朝的岁入有所高估，但即便如此，宋朝的岁入远远大于其他任何一个封建王朝依然是一个不争的事实）。

财政收入是一个国家或朝代经济发展的重要标志。在解释财政收入之前，我们先了解一下财政。财政与国家的产生和存在相联系，简单地说，国家的收入和支出就是财政。财政是国家凭借政治权力而进行的社会产品的分配。财政的本质是一种分配关系，是一种以国家为主体、在社会范围内集中配置资源的分配关系。

财政收入是指国家财政参与社会产品分配所取得的收入，它是实现国家职能的财力保证。

财政收入是如何计算的呢？

这要先了解三个概念：C、V、M。C 是生产资料耗费的补偿价值；V 是劳动力再生产价值；M 是剩余产品价值。

例如某工人每天工作 10 小时，生产 10 顶帽子，每顶 5 元，已知消耗生产资料 40 元，工资 2 元。

每天的总产值 $=10 \times 5 = 50$（元）

不变资本（C）即消耗的生产资料为 40 元

可变资本（V）即支付给工人的工资为 2 元

剩余价值（M）即总产值 $-$ （C+V）$=8$ 元。

C、V、M 三部分之间存在着此消彼长的关系，同时 M 构成财政收入主要因素，因此研究社会总产品价值构成同财政收入的关系应着重研究社会总产品价值构成中成本因素 C 和 V 的变化对 M 从而对财政收入的影响。

在社会总产品已定且 V 不变时，降低物化劳动消耗即 C，是降低生产成本、增加 M 和财政收入的主要途径。降低生产资料耗费，要根据生产资料的性质区别对待。

1. 属于原材料、易燃易耗品等生产资料的耗费，应通过加强内部管理，在保证产品质量前提下，力求节约，通过技术或生产工艺流程创新降低成本，增加企业纯收入和财政收入。

2. 属于固定资产耗费的补偿，应合理确定折旧率，提高设备利用率，减少每件产品中转移的折旧价值，降低单位产品成本，从而增加企业赢利和财政收入。如果折旧率过高，就势必减少企业利润和财政收入；如果折旧率过低，此时财政收入的增长是以牺牲企业发展后劲、减慢企业设备更新改造步伐为代价的，因此财政收入增收是虚假的、不真实的。

在社会总产品已定且 C 不变时，V 部分增大，M 部分减少，相反 V 部分减少，M 部分则增大。因此，充分调动劳动者积极性，提高劳动生产率，对增加企业利润和财政收入有着重大意义。

埃弗塞·多马（1914-1997）

波兰裔美国经济学家。与罗伊·福布斯·哈罗德提出了发展经济学中著名的经济增长模型——哈罗德-多马模型。主要著作有：《经济增长理论论文集》、《资本主义、社会主义及农奴制：埃弗塞·多马论文集》等。

为什么人死了画才值钱?

需求的增加固然可使价格上升,但供给的增加会使价格下降。如供给不变,价格就只取决于需求,取决于购买者的购买欲望和购买能力。

荷兰的天才画家凡·高活着的时候穷困潦倒,可去世后,人们逐渐发现了他的画的价值。由于他留下来的作品寥寥无几,所以每一幅都是天价,《向日葵》更是极品中的极品。

一个美国作家写了短篇小说,描写的是一个画家总不得志,作品卖不出去。于是,他和朋友策划了一个骗局,宣称该画家已死,并请一些评论家对其作品进行狂轰滥炸式的赞扬。于是,这些原本卖不出去的画价格狂升,他们着实发了一笔财,但已成名的画家却无法以原来的身份生活并作画了。人死画才值钱,这并不奇怪。当然,小说中的情况实际是为钱而"死"的骗局。

设计这个骗局的人也许并不懂经济学,但他们却按经济学原理策划了这场骗局。价格取决于供求,要想控制价格,必须控制供求。在这个骗局中控制供求的中心是让画家死。换言之,画家之死既影响需求,又影响供给。

先来看需求。人们购买艺术品来源于两种需求:欣赏和投资。买一幅画挂在客厅或卧室里会给人一种美的享受。在为了欣赏而买画时,需求取决于购买者对画的主观评价。但人对一幅画的评价不仅取决于个人的偏好和欣赏时的感受,而且在很大程度上要受别人评价,尤其是评论家的影响。一幅平常的画,被评论家(尤其是著名评论家)吹捧之后,也会引起人们的关注,提高了购买者的主观评价。从众心理在评价艺术

品中相当明显。

在这个骗局中先让画家"死"，然后再请评论家吹捧，这样，无疑会提高艺术品购买者对这个原本不知名的画家的关注，重新审视他的作品，给予较高的主观评价，从而对他的画的需求增加了。需求增加会使价格上升。

艺术品的另一种需求是投资。许多人购买艺术品并不是为了欣赏，而是为了保值和升值。在各种投资物品中，有价格的艺术品升值的速度最快。投资的收益在未来，所以，出于投资动机买画的欲望取决于对未来升值的预期。对艺术品的这种投资有很大的投机成分。

一个画家死后，人们对其作品在艺术史中的地位及未来升值前景都是一种猜测。猜测的英文原词就有投机的含义。画家之死引起人们对其作品升值的预期，评论家则可以为这种升值的猜测火上加油。人们预期该画家的作品未来价格会上扬，这种预期使购买者增加，这就推动了它现在价格的上升。现在价格的上升又推动了预期价格上升。这样的相互作用就把已死画家的作品炒到了天价。

需求的增加固然可使价格上升，但供给的增加会使价格下降。如供给不变，价格就只取决于需求，取决于购买者的购买欲望和购买能力。如前所述，一旦画家的画被炒热之后，现期与预期价格都上升，在那种投机气氛下，需求欲望是很强的。那些喜欢收藏艺术品的富翁和从事艺术品投资的人，购买能力也是很强的。价格狂升就有了可能。让供给不变的方法则是画家死去。所以，小说中的画家就只有"死路一条"了。物以稀为贵的原因正在于此。也正因为这个原因，这个骗局的关键是要公开宣布画家的死亡。如果在此之后再把这个画家的画毁掉一些，留下的精品会更值钱。不过小说中的这个骗局有没有这么做我已不记得了。

许多已去世的画家的画卖出了天价已经司空见惯了。许多人从事这类艺术品投机（也可以称为投资），或成功，或失败。尽管这些现象看来令人眼花缭乱，其实用一个简单的供求工具就可以解释清楚。市场经济中许多物品的价格令人费解，有些有用的东西很便宜，而有些无用的东西却很昂贵；有些用了大量劳动创造出来的东西不值钱，而有些耗费劳动并不多的物品却价格高昂。这些只要用供求关系一分析也就不是什么难题了，正在这种意义之上，供求分析是我们学经济学的基本工具。

爱德华·黑斯廷斯·张伯伦（1899-1967）

美国著名经济学家。E.H.张伯伦在他 1933 年出版的《垄断竞争论》一书中提出了相同的垄断与竞争对市场价格形成的作用的理论。他的理论和英国经济学家 J.罗宾逊于同年出版的《不完全竞争经济学》共同构成了"垄断竞争论"（见罗宾逊《不完全竞争经济学》中的价格思想），成为现代微观经济学的重要组成部分。

哥伦布
为什么要发现新大陆？

激励机制对员工的某种符合组织期望的行为具有反复强化、
不断增强的作用，在这样的激励机制作用下，组织不断发展
壮大，不断成长。我们称这样的激励机制为良好的激励机制。

　　1492 年 10 月 12 日，哥伦布登上了北美巴哈马群岛中的圣萨尔瓦多
岛。此后他三次航行到美洲沿岸，成为西方第一个发现美洲新大陆的人。
他至死都认为美洲是印度，故称当地居民为"印第安人"（Indians，意

为"印度居民")。我们可以说哥伦布开启了一个新的时代,那么他的动力从何而来?真是为全人类谋取幸福?

哥伦布并非大公无私之人。在第一次远洋航行之前,他用了8年时间游说西班牙王室。在成功的那一刻,哥伦布开出了自己的天价,他和西班牙国王和王后的一个契约:

国王和王后对哥伦布发现的新大陆拥有宗主权;哥伦布被封为贵族;同时任大西洋海军元帅;被准许担任未来发现的岛屿和陆地的总督,而且这些头衔都将世袭;新发现土地上产品的10%归他所有;他也能参与新土地上的所有投资活动;投资和利润占总额的8%;他对前往新大陆经商的船只可以征收10%的贸易税;对自己运往西班牙的货物实行免税。

这是一个改变世界面貌的契约。哥伦布的收获远远超过了他此前"浪费"的8年时间成本和其他所有的成本,真可谓一本万利。这种探险活动绝对不是无偿的,而是有巨大的潜在利益的刺激。同样,1519年麦哲伦航海探险计划开始实施的时候,西班牙国王也答应从新发现的领土中拨出1/20给麦哲伦,并允许他们参与未来土地的开发。一次远航探险不仅可以带来荣誉,更可以致富。

这种基于利益之上的契约,使欧洲的航海探险从一开始就注重每一次新发现信息的记录和发布,他们发现的每一块新的陆地,一座新的岛屿,就给予命名,并划入本国版图。

从管理学上分析,哥伦布发现新大陆,激励机制在起着至关重要的作用。什么是激励机制呢?激励机制是通过一套理性化的制度来反映激励主体与激励客体相互作用的方式。

激励机制对员工的某种符合组织期望的行为具有反复强化、不断增强的作用,在这样的激励机制作用下,组织不断发展壮大,不断成长。我们称这样的激励机制为良好的激励机制。当然,在良好的激励机制之中,肯定有负强化和惩罚措施对员工的不符合组织期望的行为起约束作用。

激励机制对员工行为的助长作用给管理者的启示是:管理者应能找准员工的真正需要,并将满足员工需要的措施与组织目标的实现有效地

结合起来。

反观郑和下西洋，在 1405 年到 1433 年这段短暂的时间内，郑和指挥的庞大宝船船队，七次英雄式的远航，遍及了中国海与印度洋，从台湾到波斯湾，并远及中国人心目中的黄金之国——非洲。郑和在哥伦布之前的一百年，完全可以凭借如此庞大、无敌的海军，成就与其或者超过哥伦布的成绩。

但是，郑和出行前可能与皇帝订立合约吗？非但不能，而且郑和及其每一艘船只都属于皇帝私人所有，下西洋是一次政治性的私人出巡，于是他不能发现新大陆，也没有在世界经济史上留下自己的名字。更没有留下详细的海图、水文、气候等资料，开创一个新的大航海时代。

当然，正如一枚硬币有两面，激励机制也会起相反的作用。由于激励机制中存在去激励因素，组织对员工所期望的行为并没有表现出来。尽管激励机制设计者的初衷是希望通过激励机制的运行，能有效地调动员工的积极性，实现组织的目标。但是，无论是激励机制本身不健全，还是激励机制不具有可行性，都会对一部分员工的工作积极性起抑制作用和削弱作用，这就是激励机制的致弱作用。

在一个组织当中，当对员工工作积极性起致弱作用的因素长期起主导作用时，组织的发展就会受到限制，直到走向衰败。因此，对于存在致弱作用的激励机制，必须将其中的负面无效激励因素根除，代之以正面、有效的激励因素。

布阿吉尔贝尔（1646 –1714）

法国经济学家。法国古典政治经济学创始人，重农学派的先驱。他自称是农业的辩护人，提出社会的注意力应该转向农业。所以，他的税收主张大多与农业生产有关。主要著作有：《谷物论》、《法兰西辩护书》、《论财富、货币和赋税的性质》等。

第 9 章

热点中的经济学

人民币升值是好事吗？

经济学家的笑话有根据吗？

为什么会发生次贷危机？

基尼系数为什么不能过高？

为什么美国的次贷危机会波及全世界？

为什么会产生楼市泡沫？

金发女兵阵亡了，为什么美国总统反而高兴？

刘翔和 CPI，你跑得过谁？

面对负利率，怎样让钱生钱？

人民币升值是好事吗？

人民币升值，热钱（为追求最高报酬以最低风险在国际金融
市场上迅速流动的短期投机性资金）便会流入，炒热中国的
房产、地产、矿业、股票、证券等，形成中国经济热火朝天
的局面。但是由于资源的不可再生性，造成某些资源稀缺，
过旺的需求必然导致价格水平的上升和通货膨胀的来临。

一天，两位非经济学专业的学生和一位经济学专业的学生坐在一起讨论人民币升值的问题。

第一位非经济学专业的学生说："现在不到 7 块钱的人民币就可以换 1 美元了。人民币升值了，我们口袋里的人民币就值钱了，我们出国旅游也能趾高气扬了。"

第二位非经济学专业的学生反驳道："人民币是升值了，出国留学、旅游的费用是降低了，可人民币的升值会导致失业率迅速上升，你可能一毕业便失业，根本没有能力出国旅游了。"

经济学专业的学生总结道："人民币的升值的确对中国人出国留学、旅游大有益处，可将会大大增加我国出口商品在国际市场上的成本，同时还会刺激中国大量进口国外的商品。"

三位学生的谈话涉内容及的是外汇汇率问题。外汇汇率是一国货币单位兑换他国货币单位的比率，即以一种货币表示另一种货币的价格。由于世界各国货币的名称不同，币值不一，所以一国货币对其他国家的货币都要规定一个兑换率，即汇率。

汇率是国际贸易中最重要的调节杠杆，一个国家生产的商品都是按照本国货币来计算成本的。汇率的高低会直接影响该商品在国际市场上

的成本和价格，进而决定该商品的国际竞争力。

如果人民币对美元的外汇比率是 100 美元兑换 685.77 元人民币，购买计算机价格是 1000 美元，那么根据汇率，我们需要拿出 6857.7 元人民币。

再如，一件价格为 100 元人民币的商品，按照 1 美元兑换 6.87 元人民币计算，则这件商品在国际市场上的价格就是 14.56 美元（计算公式为：实际价格 / 汇率）。假如美元兑换人民币汇率涨到 1∶7.00，也就是说美元升值，人民币贬值，那么该商品在国际市场上的价格就是 14.29 美元。商品在国际市场上的价格降低，竞争力增强，产品销售量提高，从而刺激该商品的出口。反之，如果美元兑换人民币的汇率跌到 1∶6.00，也就是说美元贬值，人民币升值，那么该商品在国际市场上的价格就是 16.67 美元。商品的价格上升，销售量肯定会下降，这种结果也会阻碍商品的出口。同样，美元升值而人民币贬值就会刺激中国商品的出口，反过来美元贬值而人民币升值却会大大刺激进口。

因此人民币升值只会对外出旅游和留学有好处。国内的老百姓买东西却会一天比一天贵，老百姓感受到的是手里的钱不断贬值，与以前 100 美元能买到的东西相比，现在能买到的东西明显减少了。

近年来我国经济飞速发展，10%左右的增长速度远远超过美国 3%的增长速度。人民币升值，美元贬值，汇率背后真正比的是两国经济增长的实力，比的是两国货币的购买力。

人民币升值，热钱（为追求最高报酬以最低风险在国际金融市场上迅速流动的短期投机性资金）便会流入，炒热中国的房产、地产、矿业、股票、证券等，形成中国经济热火朝天的局面。但是由于资源的不可再生性，造成某些资源稀缺，过旺的需求必然导致价格水平的上升和通货膨胀的来临。所以，人民币对内贬值了，但对外却是经济高速增长而升值了。

汇率变化就好比一把双刃剑，有利有弊。如果人民币盲目升值，将对中国的金融、经济产生较大的负面影响，所以说保持人民币汇率基本稳定是一个明智的选择。人民币汇率稳定不仅有利于中国经济和金融的持续稳定发展，而且有利于周边国家和地区的经济和金融的稳定发展，从根本上，也有利于世界经济和金融的稳定发展。

中国国家发展和改革委员会和国家信息中心最新撰写的报告称，预计 2009 年全年人民币升值 1%~2%。报告称，美元在全球范围内保持强劲势头，受其影响，人民币升值速度放缓，不排除人民币出现阶段性贬值的情况。

弗里兹·马克卢普（1902-1983）

奥地利裔美籍经济学家。马克卢普是西方最早对知识产业作出详细阐述的经济学家。马克卢普早在上世纪 50 年代就开始了对知识和知识产业的研究，1962 年马克卢普在他的《美国的知识生产与分配》一书中，在关于"生产知识产业及其职业"中正式提出"知识产业"这一概念，并给出了知识产业的一般范畴和最早的分类模式，并在此基础上建立起对美国知识生产与分配的最早的测度体系，即马克卢普的信息经济测度范式。

经济学家
的笑话有根据吗？

生产过程中的新增加值，包括劳动者新创造的价值和固定资产的磨损价值，但不包含生产过程中作为中间投入的价值；在实物构成上，是当期生产的最终产品，包含用于消费、积累及净出口的产品，但不包含各种被其他部门消耗的中间产品。

约翰逊和皮埃尔是学校公认的才华横溢的经济系高才生。他们知识渊博，见解独到，两人在课堂上滔滔不绝的辩论常让老教授们感慨：长江后浪推前浪，一代新人换旧人。

课堂上，他们是针尖对麦芒，各不相让。课堂下，他们惺惺相惜，是无话不谈的好朋友。一天，两人饭后散步时，看到青翠的草坪上有一堆新鲜的狗屎。

约翰逊说："看到那堆新鲜的狗屎了吧？如果你能吃下去，我愿意出 5 000 万。"

皮埃尔哈哈大笑："你蒙谁呢？我承认你有才华，可你是出了名的穷光蛋。莫非你去偷 5 000 万不成？"

约翰逊说："我是没有 5 000 万。可我既然敢和你打赌，就有对策。我可以和你签署一份声明，如果你把狗屎吃了，我会打 5 000 万的欠条。然后经公证员公证，自然会具有法律效力。"

皮埃尔知道约翰逊的为人，向来言出必行。看着这堆新鲜的狗屎，皮埃尔不禁皱起眉来。他冷静地掏出纸笔，进行了一番精确的数学计算，很快得出了经济学上的最优解：吃！于是皮埃尔赚了 5 000 万，约翰逊损失了 5 000 万。

他们继续往前走，在娇艳的玫瑰花旁又发现了一堆新鲜的狗屎。这时皮埃尔看到狗屎，不禁强烈地呕吐起来。趁着皮埃尔难受的工夫，约翰逊掏出纸笔迅速地计算起来。他蓦地脸色苍白，心疼不已。他已意识到自己在刚才的交易中损失了5 000万，却没换回来任何对自己有益的商品。

呕吐中的皮埃尔感觉约翰逊在用鄙视的眼光注视着自己。强烈的屈辱使得他的心理极端地不平衡。等到翻江倒海的呕吐结束后，皮埃尔对约翰逊说："这堆狗屎比刚才我吃的狗屎略微小一些。如果你把它吃下去，我同样会付给你5 000万。"

不同的计算方法，相同的计算结果。吃！把自己的损失再找回来。约翰逊强忍着恶心吃掉了狗屎，心满意足地收回了5 000万。

尾随他们许久的清洁工握着两位经济学高才生的手说："谢谢你们帮我清理了两堆狗屎。"

两位高才生彼此面面相觑，白白吃了两堆狗屎，却两手空空，什么也没得到，不仅号啕大哭起来。

他们怎么也想不通，于是去请教他们的师祖——一位经济学泰斗。听了两位徒孙的故事，泰斗也号啕大哭起来。他颤颤巍巍地举起一根手指头，无比激动地说："一个亿啊！一个亿啊！我亲爱的同学们，你们仅仅吃了两堆狗屎，就为国家的GDP贡献了一个亿啊！"

这自然只是一些对GDP不懂的人编出的笑话。GDP（即英文gross domestic product的缩写）是指经济社会（即一个国家或地区）在一定时期内运用生产要素所生产的全部最终产品（物品和劳务）的市场价值。也就是国内生产总值。它是对一国（地区）经济在核算期内所有常住单位生产的最终产品总量的度量，常常被看成显示一个国家（地区）经济状况的一个重要指标。生产过程中的新增加值，包括劳动者新创造的价值和固定资产的磨损价值，但不包含生产过程中作为中间投入的价值；在实物构成上，是当期生产的最终产品，包含用于消费、积累及净出口的产品，但不包含各种被其他部门消耗的中间产品。

GDP的测算有三种方法：生产法：GDP = Σ各产业部门的总产出 –

∑各产业部门的中间消耗。收入法：GDP = ∑各产业部门劳动者报酬 + ∑各产业部门固定资产折旧 + ∑各产业部门生产税净额 + ∑各产业部门营业利润。支出法：GDP = 总消费 + 总投资 + 净出口。

以下是 2008 年世界各国最新 GDP 前 5 位排名

排名	国家	总值（亿美元）	人均（美元）
1.	美国	139800	46280
2.	日本	52900	41480
3.	中国	33700	2520
4.	德国	32800	39710
5.	英国	25700	42430

对于两位高才生来说，他们没有为国家提供诸如汽车、衣物、食品等有形的实物，也没有付出包括诸如理发、美容等无形的服务，他们既没有任何投资，也没有任何赢利，只是吃了根本不能算到 GDP 里的垃圾。泰斗所谓的 1 个亿只不过是狗屎与 5 000 万的一个循环过程。

大卫·李嘉图（David Ricardo, 1772-1823）

英国经济学家，资产阶级古典经济学理论的完成者，古典学派的最后一名代表，制定了在资产阶级眼界内所能达到的最彻底的劳动价值论；并以此为基础，说明资本主义生产关系的内在联系，指出资本主义社会阶级利益的冲突，对经济科学的发展有很大影响。他继承了亚当·斯密理论中的科学因素，坚持商品价值由生产中所耗费的劳动决定的原理，并批评了亚当·斯密价值论中的错误。但他还不明确劳动的二重性，价值与交换价值的内在联系，混淆了价值和生产价格等，因而未能解决劳动价值论、剩余价值论、平均利润论等所存在的矛盾。主要著作有《政治经济学及赋税原理》。

为什么
会发生次贷危机？

次贷危机又称次级房贷危机，也译为次级债危机。它是指一场发生在美国，因次级抵押贷款机构破产、投资基金被迫关闭、股市剧烈震荡引起的金融风暴。它致使全球主要金融市场出现流动性不足危机。

一天，一位其貌不扬的男士，带着一位十分艳丽的女孩，来到Causeway Bay一家LV店。他为女孩挑选了一款价值65 000元的LV手袋。

付款时，男士掏出支票本，十分潇洒地签了一张支票。店员有些为难，因为他们二人是第一次来店购物。

男士看穿了店员的心思，十分冷静地对店员说："我感觉到你担心这是一张空头支票，对吗？今天是周六，银行关门。我建议你把支票和手袋都留下。等到星期一支票兑现之后，再请你们把手袋送到这位小姐的府上。您看这样行不行？"

店员放下心来，欣然地接受了这个建议，并且大方地承诺：递送手袋的费用由该店承担，他本人将会亲自把这件事情办妥。

星期一，店员拿着支票去银行入账，支票果真是张空头支票！愤怒的店员打电话给那位客户，客户对他说："这没有什么要紧的啊！你和我都没有损失。上星期六的晚上我已经同那个女孩上床了！哦，多谢您的合作。"

这个故事揭示了次贷危机的本质。人们在对未来收益充满良好预期的时候，对于可能加大风险缺乏防范意识。美女认为周一六万多的LV就到手了，自然也就放松了警惕，认为投资是值得的，对于投入产出的预期是建立在一个具有巨大不确定风险的情况下的。而对未来收益预期的包装则是这些投资机构最擅长做的事情。中国的股民大多跟这个"美女"一样。而媒体和分析家们，往往在其中扮演了"LV店员"的配合角色。

这个笑话的背后是引起世界经济动荡的次贷危机。次贷危机又称次级房贷危机，也译为次级债危机。它是指一场发生在美国，因次级抵押贷款机构破产、投资基金被迫关闭、股市剧烈震荡引起的金融风暴。它致使全球主要金融市场出现流动性不足危机。美国"次贷危机"是从2006年春季开始逐步显现的。2007年8月开始席卷美国、欧盟和日本等世界主要金融市场。次贷危机目前已经成为国际上的一个热点问题。

为什么美国会发生次贷危机呢？原来在美国，贷款是非常普遍的现象，从房子到汽车，从信用卡到电话账单，贷款无处不在。当地人很少全款买房，通常都是长时间贷款。可是我们也知道，在这里失业和再就业是很常见的现象。这些收入并不稳定甚至根本没有收入的人，他们怎么买房呢？因为信用等级达不到标准，他们就被定义为次级信用贷款者，简称次级贷款者。

由于之前的房价很高，银行认为尽管贷款给了次级信用贷款者，如果借款人无法偿还贷款，则可以利用抵押的房屋来还，拍卖或者出售后收回银行贷款。但是由于房价突然走低，借款人无力偿还时，银行把房屋出售，但却发现得到的资金不能弥补当时的"贷款＋利息"，甚至都无法弥补贷款额本身，这样银行就会在这个贷款上出现亏损。

一个两个借款人出现这样的问题还好，但由于分期付款的利息上升，加上这些借款人本身就是次级信用贷款者，这样就导致了大量的无法还贷的借款人。正如上面所说，银行收回房屋，却卖不到高价，大面积亏损，引发了次贷危机。

次贷危机引起美国经济及全球经济增长的放缓，对中国经济的影响不容忽视，而这其中最主要是对出口的影响。美国次贷危机造成我国出口增长下降，首先将引起我国经济增长在一定程度上放缓，同时，由于我国经济增长放缓，社会对劳动力的需求小于劳动力的供给。

其次，我国将面临经济增长趋缓和严峻就业形势的双重压力。实体经济尤其是工业面临巨大压力。而大量的中小型加工企业的倒闭，也加剧了失业率的上升，现在我们国家头等的经济大事就是保增长，促就业。

最后，次贷危机将加大我国的汇率风险和资本市场风险。为应对次贷危机造成的负面影响，美国采取宽松的货币政策和弱势美元的汇率政策。美元大幅贬值给中国带来了巨大的汇率风险。在发达国家经济放缓、我国经济持续增长、美元持续贬值和人民币升值预期不变的情况下，国际资本加速流向我国寻找避风港，将加剧我国资本市场的风险。

大卫·休谟（1711–1776）

18世纪英国哲学家、历史学家、经济学家与美学家。18世纪货币数量论的代表，是反对重商主义的。支持当时日趋繁荣的英国工商业，反对降低利率、间接税与提高"劳动价格"。他关于国际贸易的学说对英国古典政治经济学有很大的影响。他的社会历史观点以人性论为基础，把对财富、享乐和权力的追求看做是人的本性，认为无论何时何地，人性是一致的和不变的；历史的作用就在于发现有关人性的普遍原理，提供经验教训。主要著作有：《人性论》、《道德与政治论文集》、《人类理解力研究》、《道德原则研究》。

基尼系数
为什么不能过高？

基尼系数由于给出了反映居民之间贫富差异程度的数量界线，可以较客观、直观地反映和监测居民之间的贫富差距，预报、预警和防止居民之间出现贫富两极分化，因此得到世界各国的广泛认同和普遍采用。

一位杂货铺的掌柜挑选伙计，他向来不看伙计的本事大小，只看伙计是否有个吉利的名字。到年底，他筛来筛去选出了两个伙计——一个叫进财，一个叫高升。初一那天接财神时，掌柜就把这两个伙计的名子大声叫上好几遍。他先走到院里，大声吆喝："进财！进财！进财！"高升在楼上回答掌柜："进财出门去了。"掌柜听了觉得很扫兴，改口又喊道："高升！高升！高升！"高升在楼上连忙答应："下来了！下来了！马上就下来了！"

掌柜希望高升，可一个国家在一个数字上最不希望听到笑话中伙计高升的话语，尤其是基尼系数。

基尼系数(Gini Coefficient)是意大利统计学家基尼（Corrado Gini，1884–1965）于1912年提出的，定量测定收入分配差异程度，国际上用来综合考察居民内部收入分配差异状况的一个重要分析指标。

其经济含义是：在全部居民收入中，用于进行不平均分配的那部分收入占总收入的百分比。基尼系数最大为"1"，最小等于"0"。前者表示居民之间的收入分配绝对不平均，即100%的收入被一个单位的人全部占有了；而后者则表示居民之间的收入分配绝对平均，即人与人之间收入完全平等，没有任何差异。但这两种情况只是在理论上的绝对化形式，在实际生活中一般不会出现。因此，基尼系数的实际数值只能介于 0～1 之间。

目前，国际上用来分析和反映居民收入分配差距的方法和指标很多。基尼系数由于给出了反映居民之间贫富差异程度的数量界线，可以较客观、直观地反映和监测居民之间的贫富差距，预报、预警和防止居民之间出现贫富两极分化，因此得到世界各国的广泛认同和普遍采用。

基尼以洛伦茨曲线为计算基础。设实际收入分配曲线和收入分配绝对平等曲线之间的面积为 A，实际收入分配曲线右下方的面积为 B。并以 A 除以 （A+B） 的商表示不平等程度。这个数值被称为 "基尼系数"。如果 A 为零，基尼系数为零，表示收入分配完全平等；如果 B 为零则系数为 1，收入分配绝对不平等。收入分配越是趋向平等，洛伦茨曲线的弧度越小，基尼系数也越小，反之，收入分配越是趋向不平等，洛伦茨曲线的弧度越大，那么基尼系数也越大。

改革开放以来，我国在经济增长的同时，贫富差距逐步拉大，综合各类居民收入来看，基尼系数越过警戒线已是不争的事实。我国基尼系数已跨过 0.4，达到了 0.44 （2004 年国家统计局公布的数据）。

中国社会的贫富差距已经突破了合理的限度，总人口中 20% 的最低收入人口占收入的份额仅为 4.7%，而总人口中 20% 的最高收入人口占总收入的份额高达 50%。突出表现在收入份额差距和城乡居民收入差距进一步拉大、东中西部地区居民收入差距过大、高低收入群体差距悬殊等方面。将基尼系数 0.4 作为监控贫富差距的警戒线，应该说是对许多国家实践经验的一种抽象与概括，具有一定的普遍意义。但是，各国、各地区的具体情况千差万别，居民的承受能力及社会价值观念都不尽相同，所以这种数量界限只能用作宏观调控的参照，而不能成为禁锢和教条。

目前，我国共计算三种基尼系数，即农村居民基尼系数、城镇居民基尼系数和全国居民基尼系数。基尼系数 0.4 的国际警戒标准在我国基本适用。从我国的客观实际出发，在单独衡量农村居民内部或城镇居民内部的收入分配差距时，可以将各自的基尼系数警戒线定为 0.4；而在衡量全国居民之间的收入分配差距时，可以将警戒线上限定为 0.5，实际工作中按 0.45 操作。而今，改革开放 30 年后，中国基尼系数已达到 0.5。

下图是我国历年来的基尼系数统计：

1997　0.3706

1998　0.3784

1999　0.3892

2000　0.4089

2001　0.4031

2002　0.4326

2003　0.4386

2004　0.4387

2006　0.496　　（来源可靠）

2007　不详　　（无官方数字）

2008　不详　　（无官方数字）

按照联合国有关组织规定：基尼系数若低于 0.2 表示收入绝对平均；0.2 ~ 0.3 表示比较平均；0.3 ~ 0.4 表示相对合理；0.4 ~ 0.5 表示收入差距较大；0.6 以上表示收入差距悬殊。

国际上通常把 0.4 作为收入分配差距的"警戒线"。一般发达国家的基尼系数在 0.24 ~ 0.36 之间，美国偏高，为 0.4。中国大陆和香港的基尼系数都超出 0.4。2006 年，中国的基尼系数达到了 0.49，早已超过了 0.4 的警戒线。

弗里德里希·李斯特 (1789–1846)

德国经济学家。英国古典经济学的怀疑者和批判者，历史学派主要先驱者，保护贸易论创始人。李斯特的奋斗目标是推动德国在经济上的统一，这决定了他的经济学是服务于国家利益和社会利益。李斯特反对英国古典政治经济学，提出国民经济学，采用历史方法论证国民经济的发展。认为一国的发展主要取决于生产力的发展程度，国家的制度、法律、宗教等精神因素是生产力的重要源泉。无视社会生产关系，把国民经济的发展分为蒙昧（狩猎）、游牧、农业、农工业和农工商业等五个阶段；据称在第四阶段，工业还幼稚，须实行保护贸易。强调地大、物博、人多是一国生产发展和政权巩固的基本条件，因而主张德国施行对外扩张政策。主要著作有：《美国政治经济学大纲》、《政治经济学的国民体系》。

为什么美国的
次贷危机会波及全世界？

蝴蝶效应是指在一个动力系统中，初始条件下微小的变化能
带动整个系统的长期的、巨大的连锁反应。

1485年，英国国王查理三世准备和凯斯特家族的亨利决一死战，以此来决定由谁来统治英国。

战斗打响之前，查理派马夫装备自己最喜欢的战马。

马夫发现马蹄铁没有了。于是，他对铁匠说："快点给它钉掌，国王希望骑它打头阵。"

"你得等一等，前几天，因给所有的战马钉掌，铁片已经用完了。"

"我等不及了！"马夫不耐烦地叫道。

铁匠埋头干活，从一根铁条上弄下可做四个马蹄铁的材料，把它们砸平、整形、固定在马蹄上，然后开始钉钉子。钉了三个马掌后，他发现没有钉子来钉第四个马掌了。

"我缺几个钉子，需要点儿时间砸两个。"

"我告诉过你我等不及了！"马夫急切地说。

"没有足够的钉子，我也能把马掌钉上，但是不能像其他几个那么牢固。"

"能不能挂住？"马夫问。

"应该能，但我没有把握。"

"好吧，就这样！快点儿，要不然国王会怪罪我的！"

铁匠凑合着把马掌挂上了。

很快，两军交战了。查理国王冲锋陷阵，鞭策士兵迎战敌军。突然，

一只马掌掉了，战马跌倒在地，查理也被掀翻在地上。受惊的马跳起来逃走了，国王的士兵也纷纷转身撤退，亨利的军队包围上来。

查理在空中挥舞宝剑，大喊道："马，一匹马，我的国家倾覆就因为这一匹马。"

于是，从那时起人们就传唱着这样一首歌谣："少了一个铁钉，丢了一只马掌；丢了一只马掌，折了一匹战马；折了一匹战马，败了一场战役；败了一场战役，亡了一个国家。"

一个帝国的存亡竟由一颗小小的钉子决定。这是蝴蝶效应的结果。

蝴蝶效应是美国气象学家爱德华·诺顿·罗伦兹于 1963 年提出的观点。效应的大意为：一只南美洲亚马孙河流域热带雨林中的蝴蝶，偶尔扇动几下翅膀，可能在两周后引起美国得克萨斯州一场龙卷风。

其原因在于：蝴蝶翅膀的运动，导致其身边的空气系统发生变化，并引起微弱气流的产生，而微弱气流的产生又会引起它四周空气或其他系统产生相应的变化，由此引起连锁反应，最终导致其他系统的极大变化。

此效应说明，事物发展的结果，对初始条件具有极为敏感的依赖性，初始条件的极小偏差，将会引起结果的极大差异。

简而言之，**蝴蝶效应是指在一个动力系统中，初始条件下微小的变化能带动整个系统的长期的、巨大的连锁反应。**

倘若要用专业术语来表述，就是"对早期条件的敏感性"。实际上，天气的奥妙和多样化不是单纯用蝴蝶效应就能说明的。周期性的变化中间出现的不规则性、复杂性引发许多新变化，这常常被运用到宏观经济和微观经济的解析之中。蝴蝶飞翔时扇动的微风属于微观现象，但能够使宏观天气出现狂风大作。

一个出了问题的微小机制，如果不及时加以引导、调节，可能会给社会带来非常大的危害。

在经济现实中，蝴蝶效应也频频出现。美国 20 世纪 30 年代史无前例的经济大萧条就是从某乡村银行的倒闭开始的，1997 年东南亚金融危机也是由一只携带金融危机病菌的"蝴蝶"扇动的风引发的。次贷危机又称次级房贷危机。它是指一场发生在美国，因次级抵押贷款机构破产、投资基金被迫关闭、股市剧烈震荡引起的金融风暴。美国的次贷危机及全世界金融危机同样是蝴蝶效应的结果。

阿瑟·奥肯（1928-1980）

　　美国经济学家。阿瑟·奥肯发现了周期波动中经济增长率和失业率之间的关系，也就是描述失业与实际国民生产总值具有反方向变化的经验规律，即命名该定律为奥肯定律。他根据美国统计数据测得，如果失业率上升 1%，实际国民生产总值将损失 2%。假设美国的自然增长率（充分就业条件下可能有的增长率，取决于劳动力增长率和劳动生产率增长之和）为 3%，再假定失业率从 6% 的"自然失业率"（充分就业时存在的失业率）上升到 8%，则实际国民生产总值发生的变化为 3%-2×（8%-6%）=-1%，这表示国民经济处于萧条阶段的负增长。

为什么
会产生楼市泡沫？

楼市、股市的泡沫，并不是所谓的流动性过剩、老百姓太富裕了，其本质是中国制造业的"回光返照"。

从 1634 年开始，荷兰百业荒废，全国上下都开始为郁金香疯狂。与所有的投机泡沫一样，参与的人们最初都实际赚到了钱。由于价钱节节上升，只需低买高卖，买高卖更高。得了甜头后，大家信心大增，倾家荡产地把更多的钱投入到郁金香的买卖，希望赚取更多的金钱。原本旁观的人看到挣钱这么容易，也受不了诱惑，加入到疯狂抢购的队伍中来。与此同时，欧洲各国的投机商也纷纷云集荷兰，参与这一投机狂潮。为了方便郁金香交易，人们干脆在阿姆斯特丹的证券交易所内开设了固定的交易市场。随后，在鹿特丹、莱顿等城市也开设了固定的郁金香交易场所。

在 1841 年出版的《非同寻常的大众幻想与群众性癫狂》一书中，英国历史学家查尔斯·麦基对这次郁金香狂热（Tulipmania）作了非常生动的描写：

"谁都相信，郁金香热将永远持续下去，世界各地的有钱人都会向荷兰发出订单，无论什么样的价格都会有人付账。欧洲的财富正在向须德海岸集中，在受到如此恩惠的荷兰，贫困将会一去不复返。无论是贵族、市民、农民，还是工匠、船夫、随从、伙计，甚至是扫烟囱的工人和旧衣服里的老妇，都加入了郁金香的投机。无论处在哪个阶层，人们都将财产变换成现金，投资于这种花卉……在没有交易所的小镇，大一点儿的酒吧就是进行郁金香交易的'拍卖场'。酒吧既提供晚餐，同时也替客人确认交易。这样的晚餐会，有时会有二三百人出席。为了增加顾客的满足感，餐桌或者餐具柜上往往整齐地摆放着一排排大花瓶，里面插满了盛开的郁金香。"

到 1636 年，郁金香的价格已经涨到了骇人听闻的水平。以一种稀有品种 "永远的奥古斯都" 为例，这种郁金香在 1623 年时的价格为 1000 荷兰盾，到 1636 年便已涨到 5500 荷兰盾。1637 年 2 月，一枚 "永远的奥古斯都" 的售价曾高达 6700 荷兰盾。这一价钱，足以买下阿姆斯特丹运河边的一幢豪宅，或者购买 27 吨奶酪！相对于这种顶级郁金香来说，普通郁金香的涨幅更是 "疯狂"。1637 年 1 月，1.5 磅（1 磅 =0.4536 千克）重的普普通通的 "维特克鲁嫩" 球茎，市价还仅为 64 荷兰盾，但到 2 月 5 日就达了 1668 荷兰盾！别忘了，当时荷兰人的平均年收入只有 150 荷兰盾。

荷兰政府发出声明，认为郁金香球茎价格无理由下跌，劝告市民停止抛售，并试图以合同价格的 10% 来了结所有的合同，但这些努力毫无用处。一星期后，郁金香的价格平均已经下跌了 90%，那些普通品种的郁金香更是几乎一文不值，甚至不如一个洋葱的售价。

郎咸平先生谈起国内公众最为关注的楼市和股市。他认为，**楼市、股市的泡沫，并不是所谓的流动性过剩、老百姓太富裕了，其本质是中国制造业的"回光返照"。**

郎咸平分析，就 "工商链条" 而言，制造业开始衰退是第一张骨牌，"制造业衰退的原因很多，比如说，汇率、成本上升以及宏观调控等。很多制造业企业家面临困难的时候，把应该投资在制造业的钱拿出来炒楼、炒股，推倒第二张骨牌，造成楼市和股市的泡沫。而民营制造业衰退的结果是必然拉低楼市和股市，从而形成这两个市场的泡沫崩盘现象，套牢大部分人。而进入楼市、股市的，都是比较有闲钱的人，当他们的财富被席卷一空时，他们的消费能力也受到影响，导致纯内销的企业成为第四张骨牌。"

虚拟资本过度增长与相关交易持续膨胀日益脱离实物资本的增长和

实业部门的成长，金融证券、地产价格飞涨，投机交易极为活跃的经济现象。泡沫经济寓于金融投机，造成社会经济的虚假繁荣，如果泡沫一旦破灭，必会导致社会震荡，甚至经济崩溃。

郎咸平先生分析：房价上涨的原因是地产商暴利。政府地价提高、游资介入，这些都是表面现象，而本质是"腐败"。从供应层面上看，房地产开发有两大环节：土地开发和贷款。这两大块都牵涉到大量的部门，要盖一大串公章。公共权力的滥用就容易滋生贪污腐败现象，某种程度上就导致房地产供应价格的居高不下。

从需求面看，为什么房价越来越高还是不断有人买？原因在于除了搞房地产和炒股票，没有其他投资机会。对政府投资环境不信任形成了投资短视。而当某些部门的腐败使得少数民间投资者信心不足、投资机会欠缺时，"虚拟资金"便开始投入股市，反过来，资金再打回房产，又带动房价上涨。

富兰克·奈特（1885–1972）

美国经济学家。20世纪最有影响的经济学家之一，芝加哥学派创始人，西方最伟大的思想家之一。他对于经济学发展和经济分析方法的创新作出了多方面的杰出贡献。"作为一个古典自由主义者，他是芝加哥学派的创始人；作为一个批评家，他告诫公众，经济学家的知识是有限的，其预测的失误是不可避免的；作为一名教师，他培养出了弗里德曼、斯蒂格勒和布坎南等一批著名的经济学家"。主要著作有：《风险、不确定性和利润》、《经济组织》、《自由与改革：经济学与社会哲学论文集》、《论经济学的历史与方法》、《认知力与社会行动》。

金发女兵阵亡了，
为什么美国总统反而高兴？

一直以来，失业率数字被视为一个反映整体经济状况的指标，而它又是每个月最先发表的经济数据，所以失业率指标被称为所有经济指标的"皇冠上的明珠"，它是市场上最为敏感的月度经济指标。

网络上有个经典的笑话：

CNN 记者："尊敬的总统先生，您注意到这几天的新闻了吗？那个十九岁的金发女兵。"

布什："她长得很漂亮，怎么了？"

CNN 记者："她中学毕业找不到工作，就参军了。"

布什："我们美国的失业率降低了。"

CNN 记者："可是……在战争中她失踪了，可能已经阵亡……"

布什："真不幸，让我们默哀三分钟。"

……

布什："好吧，让我们从最不幸的事情中看到它好的一面，美国的失业率又要降低了。"

> 失业率降低才是王道！

笑话反映的是失业率的问题。

失业率是指失业人口占劳动人口的比率（一定时期全部就业人口中有工作意

愿而仍没有工作的劳动力数字）。在美国，失业率每月第一个周五公布，在中国台湾，则于每月 23 日由台湾"行政院"公布。失业数据的月份变动可适当反应经济发展。大多数资料都经过季节性调整。失业率被视为落后指标之一。

人们通过失业率指标可以判断一定时期内全部劳动人口的就业情况。一直以来，失业率数字被视为一个反映整体经济状况的指标，而它又是每个月最先发表的经济数据，所以失业率指标被称为所有经济指标的"皇冠上的明珠"，它是市场上最为敏感的月度经济指标。

该如何解读该指标？一般情况下，失业率下降，代表整体经济健康发展，利于货币升值；失业率上升，便代表经济发展放缓衰退，不利于货币升值。若将失业率配以同期的通胀指标来分析，则可知当时经济发展是否过热，是否构成加息的压力，或是否需要通过减息以刺激经济的发展。

另外，失业率数字的反面是就业数字（The Employment Data）。其中最有代表性的是非农业就业数据。非农业就业数字为失业数字中的一个项目，该项目主要统计从事农业生产以外的职位变化情形，它能反映出制造行业和服务行业的发展及其增长。数字减少便代表企业降低生产，经济步入萧条。当社会经济发展较快时，消费自然随之而增加，消费性以及服务性行业的职位也就增多。当非农业就业数字大幅增加时，理论上对汇率应当有利；反之则相反。因此，该数据是观察社会经济和金融发展程度与状况的一项重要指标。

失业分为以下三类：

1. 周期性失业。

就业水平取决于国民收入水平，而国民收入水平又取决于总需求，周期性失业是由于总需求不足而引起的周期失业，一般出现在经济周期的萧条阶段。

2. 自然失业。

消灭了周期性失业时的就业状态就是充分就业，实现了充分就业时的失业率成为自然失业率。

3. 隐蔽性失业。

表面上有工作，实际上对生产并没有作出贡献的人，即有"职"无"工"的人。

造成失业的原因很多，因此失业的结构与变动情况是观察重点。失业又可分为：

1. **摩擦性失业**（Frictional unemployment）：摩擦性失业是指人们在寻找工作或转换工作过程中的失业现象。增加职业训练计划与提高信息沟通（使失业者能确实掌握就业机会）可降低这方面的失业。

2. **结构性失业**（Structual unemployment）：结构性失业指市场竞争的结果或者是生产技术改变而造成的失业。结构性失业通常较摩擦性失业持久，因为结构性失业常表示人员需要再训练或是迁移才能找到工作。

3. **季节性失业**（Seasonal unemployment）：农业、营建业与旅游业特别容易受季节性因素影响。

4. **残余性失业**：因无就业能力而失业者。

5. **周期性失业**（Cyclical unemployment）：由于总需求不足而引起的短期失业，一般出现在经济周期的萧条阶段。

陈岱孙（1900-1997）

中国著名经济学家、教育家。他主张对于经济现象的研究要注意定性分析和定量分析两个方面，批评忽视数量分析的倾向。在政治经济学史的研究中，他指出魁奈经济表不仅涉及简单再生产，而且对扩大再生产也作了说明。他对于"亚当·斯密矛盾"也有缜密深入的研究。主要著作有《从古典经济学派到马克思》，主编《政治经济学史》。

刘翔和 CPI,
你跑得过谁?

CPI 是消费者物价指数（Consumer Price Index）的英文缩写，它能够反映与居民生活有关的产品及劳务价格统计出来的物价变动指标，通常作为观察通货膨胀水平的重要指标。

猪肉价格疯涨，粮食、油价、房价都疯狂地上涨。人们明显地感觉到自己的财富在缩水。

对此有人戏谑道："你可以跑不赢刘翔，但一定要跑赢 CPI。"

不过这听起来更像是一种自我安慰。跑赢刘翔对于普通百姓来说是天方夜谭，跑赢 CPI 对大多数人来说也没有可能。对于普通百姓，理解 CPI 这样的概念都会有些困难，比较行得通的是：你可以跑不赢 CPI，但至少也要知道输在哪里。

什么是 CPI 呢?

CPI 是消费者物价指数（Consumer Price Index）的英文缩写，它能够反映与居民生活有关的产品及劳务价格统计出来的物价变动指标，通常作为观察通货膨胀水平的重要指标。它同时是反映我们吃的、喝的、用的，与人民生活密切相关的消费品价格参考指标。

经济学知识告诉我们：如果消费者物价指数升幅过大，表明通胀已经成为经济不稳定因素，央行会有紧缩货币政策和财政政策的风险，从而造成经济前景不明朗。因此，该指数过高的升幅往往不被市场欢迎。例如，在过去 12 个月，消费者物价指数上升 2.3%，那表示，生活成本比 12 个月前平均上升 2.3%。当生活成本提高，你的金钱价值便随之下降。也就是说，一年前收到的一张 100 元纸币，今日只可以买到价值

97.70 元的货品及服务。一般说来当 CPI>3% 的增幅时我们称为 INFLA-TION，就是通货膨胀；而当 CPI>5% 的增幅时，我们把它称为 SERIOUS INFLATION，就是严重的通货膨胀。

应对通胀的最好办法是进行投资，如果投资收益超过了通胀，资产就能保值增值，避免缩水。在通货膨胀的情况下，投资实物资产的资产保值作用比较明显；而投资于一些固定收益类的产品，随着通货膨胀，在一定程度上来说是贬值的，比如债券。

在近期通货膨胀的大背景下，在家庭资产中配置一定比例的黄金投资能实现资产的保值增值。黄金投资是一个很好的风险防范的投资品种，又可以获得一定的投资收益，在资产的保值方面有不可替代的优势。

有资料显示，艺术品投资是世界上效益最好的三大投资项目（另外两项为：金融、房地产）之一，其回报率之高，最终将跑赢房地产和金融投资，这已经成为全世界投资者们的共识。许多人开始把对艺术品收藏作为一种保值、增值的投资行为。

目前在国内，艺术品的投资是一个特殊的门类，其投资效益往往比别的项目更显著，其增值幅度也超过别的投资。它的特殊性在于这些艺术品不仅是一种物质存在，更是一种精神文化的结晶，既可作为一种物质财富储蓄，也可作为艺术来欣赏与研究。由于精品在艺术家一生的创作中，数量极为有限，所谓精品难求，其独有性和不可取代往往可令其市场价值以惊人幅度攀升，而它们的价值具有相对的稳定住。对于这些书画与古董的买卖，可以随时进入拍卖市场，得到一个公平的价格。

只要我们采取不同的投资手段，跑赢 CPI 并非难事。或者即使跑不赢，也可并驾齐驱或紧随其后，或者不至于被甩得太远。

张五常（1935–）

中国经济学家。新制度经济学创始人之一。在交易费用、合约理论研究等方面作出了卓越贡献。主要著作有：《卖橘者言》、《中国的前途》、《再论中国》、《经济解释》。

面对负利率，
怎样让钱生钱？

负利率时代的到来，对于普通老百姓尤其是热衷于储蓄的人来说，它是不情愿却不得不接受的事实，而在积极理财、投资意识强的人的眼中，它却意味着赚钱时代的到来。我们必须积极地调整理财思路，通过行之有效的投资手段来抵御负利率。

1797 年，被视为法国民族英雄的拿破仑在卢森堡第一国立小学演讲时，为了答谢该校的盛情款待，送上了一束红玫瑰，并许诺以后每年都会向该校送上一束价值（价值为当时卢森堡的 3 个路易货币）相等的玫瑰，以彰显两国的友谊。

之后因征战关系，拿破仑将每年送玫瑰的事忘记了。但卢森堡的人民没有忘记，并在 1984 年向法国政府提出索赔，要求从 1797 年起以 3 个路易本金，以年 5 厘复式计算索赔金额。索赔额竟然高达 1,375,596 法郎！

如果在过去的一年，你既没有买房又没有炒股，连基金也没有买一份，而只是把钱存在了银行里，你会发现自己的财富不但没有增加，反而随着物价的上涨缩水了。这也就是所谓的存款实际收益为"负"的负利率的现象。

简而言之，负利率是指存在银行的钱所得的利息赶不上钱贬值的速度。

例如一件 1 000 块钱的东西一年后值 1 065 块钱，但是 1 000 块存在银行一年后才 1 038 块钱。存在银行的钱还没有它升值快，存钱不赚反赔。

去年的本月你买生活基本消费品花费是 1 000 元，今年当月你买同样的消费品花费是 1 050，上涨了 5%，也就说消费者物价指数（CPI）是 5%，通货膨胀率是 5%。相应地，去年你手里有现金 1 000 块，今年却只能买到 952 块的东西了。

负利率还指存款利率低于通货膨胀率。如果你把钱存在银行，不但不升值，反而贬值了。当存在负利率的这种情况，叫利率倒挂。

再举例说，今年你有 200 块钱，想买辆 199 块钱的自行车。但是你把 200 块钱放银行存定期一年，按照 3.33% 的利率计算，一年后连本带息才 207，但是在当前通胀率高达 5% 的情况下，一年后，199 元的自行车要卖到 209 元了。就是说今年你用 200 块钱买这辆自行车还剩 1 块钱，把 200 块钱存银行一年后，连本带利，再来买同样一辆自行车反而买不起了。从现实意义购买力来看，存款在银行是亏的。

显然，通货膨胀是导致负利率的"罪魁祸首"。那么通货膨胀将给人们的理财生活带来什么影响呢？专家认为，适度的通货膨胀其实对经济的发展有利有弊，对个人而言其实也是有人吃亏有人得利。

具体说来，固定收入者会吃亏，浮动收入者会得利。由于通货膨胀的作用，固定收入者如公务员、白领等的实际收入将减少，尤其是退休人员的实际购买力将受到影响。而对于企业里工作的人来说，如果产品价格比工资、原材料价格等上涨得更快，他们反而是得利者。

债权人会吃亏，债务人会得利。由于通货膨胀是一个持续的过程，如果今天向别人借了 1 万元，3 年期，等到 3 年后 1 万元早就贬值了，所以宁愿多借钱，少借钱给别人。

货币财富持有者会受损，实际财富持有者会得利。这里所说的货币财富指的是现金、银行储蓄、债券等，他们的实际价值将会降低。这里所说的实际财富是指不动产、贵金属（黄金、白银等）、珠宝、古董、艺术品、股票等，拥有这些反而可能因为通货膨胀的因素而获得价格的快速上涨。

负利率时代的到来，对于普通老百姓尤其是热衷于储蓄的人来说，它是不情愿却不得不接受的事实，而在积极理财、投资意识强的人的眼中，它却意味着赚钱时代的到来。我们必须积极地调整理财思路、通过行之有效的投资手段来抵御负利率。

我们可以减少储蓄进行消费，多借钱多贷款，投资贵金属、珠宝、古董艺术品、基金、保险等。你的投资收益越大，抵御通货膨胀的能力也就越强。但是要将这些投资手段用得好，使得自己的实际收益一定为正，那可就看你自己的本事了。

所以负利率不可怕，最可怕的是我们面对负利率却无动于衷。

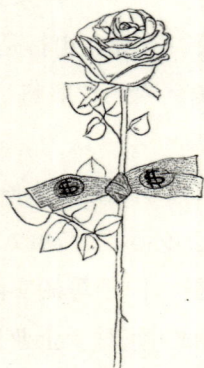

杨小凯（1948-2004）

原名杨曦光，澳大利亚经济学家。他最突出的贡献是提出新兴古典经济学与超边际分析方法和理论。由于其在经济学上的巨大成就，曾经两次获得诺贝尔经济学奖提名（2002年和2003年），因此被誉为"离诺贝尔奖最近的华人"。主要著作有：《数理经济学基础》、《经济控制理论》、《经济学：新兴古典与新古典框架》、《发展经济学：超边际与边际分析》、《专业化与经济组织》（与黄有光合著）。